JN260931

毎日届く“気づき”の言葉
365+1

The word of healing reaches every day.

毎日届く〝気づき〟の言葉 365+1

目次

1月

January

笑う門には福来たる

January 01

What day is it today?

元旦
イギリスがアイルランドと連合（1801）
天皇の人間宣言が行われる（1946）

人知らずとも我が良心これを知る。

――新島襄

にいじまじょう
1843年2月12日-1890年1月23日。現在の東京都生まれ。同志社大学創立者、キリスト教の布教家。1888年に同志社大学を設立。キリスト教主義にもとづく自由教育を唱えた。福沢諭吉らとならび、明治の六大教育家の一人に数えられている。

January 02

What day is it today?

宇宙の日
大坂城天守閣が落雷で焼失（1665）
ソ連で月ロケットの打ち上げに成功する（1959）

人に小言をいわれた時に
腹を立ててはならぬ。
また腹の立つ時に
小言をいってはならぬ。

――新島襄

January 03

世の中すべて気魄《きはく》、
仕事にして気魄の強き者が
最後の勝利を得るにいたるなり。

――新島襄

What day is it today?

ひとみの日
エジプト・ツタンカーメン王の墓発見される（1922）
日本人初の新惑星を発見（1963）

January 04

怒りっぽい人は他人を罰するよりも、
むしろ自分を罰する方が多いものである。

――新島襄

What day is it today?

官公庁御用始め
露仏同盟が正式に成立（1894）
インドでガンジーら国民議会派指導者が逮捕される（1932）

January 05

また蜩《ひぐらし》のなく頃となつた
かな　かな
かな　かな
どこかに
いい国があるんだ

――山村暮鳥

やまむらぼちょう
１８８４年１月10日-１９２４年12月８日。群馬県生まれ。大正期の詩人。聖三一神学校を卒業後、伝道師として各地を転任。１９１３年、詩集「三人の処女」を自費出版。萩原朔太郎、室生犀星と人魚詩社をおこし、「卓上噴水」を創刊。

What day is it today?

初水天宮
日本で初めて占星台を置く（675）
ローマ教皇パウルス６世が東方教会総主教アテナゴラスと会談（1964）

January 06

さくらだといふ
春だといふ
一寸、お待ち
どこかに泣いている人もあらうに

――山村暮鳥

What day is it today?

出初め式
斉明天皇、中大兄皇子ら、百済救済に出発（661）
アメリカ 32 代大統領F・ルーズベルト「4つの自由（言論表現の自由、信教の自由、欠乏からの自由、恐怖からの自由）」を演説（1941）

January 07

くるしみを喜べ
人間の強さに立て
恥辱《はじ》を知れ
そして倒れる時がきたらば
ほほゑんでたほれろ
人間の強さをみせて倒れろ
一切をありのままにぢつと凝視《みつ》めて
大木のやうに倒れろ

――山村暮鳥

What day is it today?

七草がゆの日
ガリレオ、初めて望遠鏡を使い木星の衛星発見（1610）
昭和天皇崩御。87歳。元号が平成に（1989）

January 08

侍とても尊からず、
町人とても卑しからず。
尊きものはこの胸一つ。

――近松門左衛門

ちかまつもんざえもん
1653年-1725年1月6日。
現在の福井県生まれ。江戸時代前期の歌舞伎・浄瑠璃の作者。曾我兄弟の仇討ちの後日談を描いた「世継曾我」を竹本義太夫が演じると大好評を受け、浄瑠璃作者としての地位が確立される。その後も義太夫と組み名作を次々に発表した。

What day is it today?

勝負事の日
天文学者ガリレオ・ガリレイ没。77歳（1642）
国産初の人工衛星さきがけを打ち上げ（1985）

January 09

What day is it today?

クイズの日
明治天皇、16歳で即位（1875）
アスワン・ハイ・ダムの起工式（1960）

我人に辛ければ人また我に辛し。

――近松門左衛門

January 10

What day is it today?

110番の日
江戸に大火がおこる（1794）
ロンドンに世界最初の地下鉄開通（1863）

自由と我儘《わがまま》との界《さかい》は、
他人の妨げをなすとなさざるとの間にあり。

――福沢諭吉

ふくざわゆきち
１８３５年１月10日‐１９０１年２月３日。
現在の大阪府生まれ。明治期の思想家、慶應義塾創設者。明治の六大教育家の一人。１８６０年、アメリカ合衆国へ渡り、帰国後、『西洋事情』などの著書を通じて洋学を普及。１８６８年には蘭学塾を慶應義塾と名付け、教育活動に専念する。

January 11

独立の気力なき者は必ず人に依頼す、
人に依頼する者は必ず人を恐る、
人を恐るる者は必ず
人にへつらうものなり。

——福沢諭吉

What day is it today?

鏡開き
イスラム教の祖マホメットがメッカに入城（630）
東京でスモッグ警報が初めて発令（1965）

January 12

人に交わるに信を以《もっ》てすべし。
おのれ人を信じて、人もまたおのれを信ず。
人々相信じてはじめて
自他の独立自尊を実にするを得べし。

——福沢諭吉

What day is it today?

宮中歌会始め
織田信長が瀬戸に焼き物の特権を与える（1574）
桜島が大噴火（1914）

January
13

今日も、生涯の一日なり。

——福沢諭吉

What day is it today?

ピース記念日
東京で気温、マイナス 9.2度を記録（1876）
初の女性判事誕生（1994）

January
14

諸君は必ず失敗する。
成功があるかもしれませぬけど、
成功より失敗が多い。
失敗に落胆しなさるな。
失敗に打ち勝たねばならぬ。

——大隈重信

おおくましげのぶ
1838年3月11日-1922年1月10日。
現在の佐賀県生まれ。武士・佐賀藩士、政治家、教育者。第8代・第17代内閣総理大臣。幕末期に尊皇攘夷派として活躍。新政府で参議に就任。その後、伊藤博文らと対立し罷免。翌年、立憲改進党を創立。東京専門学校（現・早稲田大学）を創立。

What day is it today?

仙台どんと祭り
ホーチミンがベトナム民主共和国の独立を宣言（1950）
南極に置き去りにされた犬のタロー、ジローの生存を確認（1959）

January
15

学問は脳、仕事は腕、
身を動かすは足である。
しかし、卑しくも大成を期せんには、
先ずこれらすべてを統《す》ぶる
意志の大いなる力がいる、
これは勇気である。

——大隈重信

What day is it today?

イチゴの日
地下鉄、新橋〜渋谷間全通（1939）
給食に初めて牛乳登場（1958）

January
16

人の幸福の第一は家内の平和だ。
家内の平和は何か。
夫婦が互いに深く愛するというほかはない。

——尾崎紅葉

What day is it today?

えんま詣り
鑑真、遣唐使の帰国とともに来日（754）
大分に初の神学校開校（1581）

おざきこうよう
1868年1月10日-1903年10月30日。
現在の東京都生まれ。小説家。1888年に
東京帝国大学に入学。「我楽多文庫」を出版。
『風流京人形』を連載すると注目を浴びる。
幸田露伴とともに明治期の文壇の重鎮となり、
この時期は紅露時代と呼ばれる。

January
17

いくら此方《こちら》で力んだって、
天気と疑いばかりは先方からはれるのだ。

——尾崎紅葉

What day is it today?

防災とボランティアの日
鎌倉の鶴岡八幡宮が焼失（1821）
皇后、婦人に洋服を勧告（1887）

January
18

溺るるも水なれば生きるも水なり。

——尾崎紅葉

What day is it today?

初観音
江戸で振袖火事（1657）
ビクターが VHS ビデオムービー発売（1984）

January 19

What day is it today?

家庭消火器点検の日
空海が東寺を与えられ、教王護国寺と名づける（823）
スイスで宗教改革起こる（1523）

まことに一事をことごととせざれば、
一智に達することなし。

（一事をも成し遂げることができない者は、
何をしてもその極に達することはできない）

――道元

どうげん
1200年1月19日-1253年9月22日(旧暦)。
鎌倉時代初期の禅僧。曹洞宗の開祖。日本に歯磨洗面、食事の際の作法や掃除の習慣を広めたといわれ、最初に孟宗竹を持ち帰ったとする説もある。著書に『道元禅師全集』など。

January 20

What day is it today?

二十日正月
日本で初めての映画撮影所完成（1908）
日本初のダイヤル式自動電話制実施（1926）

自己をならうというは、
自己をわするるなり。

（自分に執着せず、自分を捨て、
自分を乗り越える）

――道元

January
21

発心正しからざれば、
万行むなしく施す。

（発心が正しくなければ、どんな行を積んだところで
得るものはなく、空しい結果となる）

――道元

What day is it today?

初大師
日本で初めてのスキー競技（1912）
ソニーが8ミリVTRを発売（1985）

January
22

愛語は愛心よりおこる。
愛心は慈心を種子とせり。
愛語よく廻天のちからあることを
学すべきなり。

（愛情の込められた言葉は人を育てる。
そこには人を慈しむ心が込められている。
それは天をひっくりかえすほどの力がある）

――道元

What day is it today?

飛行船の日
東京初の電灯が鹿鳴館でともる（1887）
オジロワシ、天然記念物に（1970）

January 23

What day is it today?

電子メールの日
三十三間堂の本尊、造立（1254）
日ソ漁業条約が調印（1928）

人を相手とせず天を相手とせよ。
天を相手として己を尽くし、
人をとがめず、
わが誠の足らざることを尋ぬべし。

――西郷隆盛

さいごう たかもり
１８２８年１月23日－１８７７年９月24日。
現在の鹿児島県生まれ。薩摩藩の武士、政治家。
薩摩藩の盟友大久保利通、長州藩の木戸孝允
（桂小五郎）と並び、「維新の三傑」と称される。

January 24

What day is it today?

ゴールドラッシュの日
明治天皇が始めて牛肉を食べる（1872）
惑星探査機ボイジャー 2号が天王星に最接近し、新たな衛星を発見（1986）

天は人もわれも同一に愛す、
故《ゆえ》に我を愛する心をもって
人を愛せよ。

――西郷隆盛

January
25

What day is it today?

初天神
法然、没（1212）
世界最大のダイヤモンド発見（1905）

誰でも顔の中に
その人の生涯が現れて見える。

――田山花袋

たやまかたい
１８７２年１月22日-１９３０年５月13日。現在の群馬県生まれ。小説家。尾崎紅葉のもとで修行し、小説家を志す。のちに国木田独歩、柳田国男らと『抒情詩』を刊行。『蒲団』や『田舎教師』を発表すると、島崎藤村と並んで代表的な自然主義作家となる。

January
26

What day is it today?

文化財防火デー
キリシタン大名高山右近が捕らえられる（1614）
テレビ、初めての実演（1926）

人間元来一人で生まれて
一人で死んでいくのである。
大勢の中にまじっていたからって
孤独になるのは、わかりきったことだ。

――田山花袋

January 27

体が弱くなると、
どうしても感情的になる。
自分一人の孤独に堪えなくなる。
他人にすがるようになる。
活発な心境が保てなくなる。

――田山花袋

What day is it today?

国旗制定記念日
婦人参政権獲得同盟が結成（1923）
第1回重要無形文化財の指定が行われる（1955）

January 28

絶望と悲哀と寂寞《せきばく》とに
堪え得られるような
まことなる生活を送れ。
運命に従うものを勇者という。

――田山花袋

What day is it today?

初不動
『古事記』完成（712）
ガス灯、世界で初めて誕生（1807）

January 29

得たきものは強いて得るがよし。

――与謝蕪村

よさぶそん
1716年-1784年1月17日。
現在の大阪府生まれ。江戸時代中期の俳人、画家。松尾芭蕉、小林一茶と並び称される江戸俳諧の巨匠の一人。江戸俳諧中興の祖といわれる。また、俳画の創始者でもある。写実的で絵画的な発句を得意とした。

What day is it today?

人口調査記念日
初の全国戸籍調査。総人口3311万（1872）
上野動物園にパンダ来園（1980）

January 30

愛に住すれば人生に意義あり。
愛を離るれば人生は無意義なり。

――二葉亭四迷

ふたばていしめい
1864年4月4日-1909年5月10日。
現在の東京都生まれ。小説家、翻訳家。坪内逍遥と交流を結び、『小説総論』を発表。写実主義小説『浮雲』は言文一致体で書かれ、日本の近代小説の先駆となった。また、ロシア文学の翻訳も多数手がけ、自然主義作家へ大きな影響を与えた。

What day is it today?

京都大火発生（1786）
ヒトラー内閣成立（1933）
ガンジー暗殺される。78歳（1948）

January

31

What day is it today?

路面電車の日
陸軍練兵場跡地、日比谷公園に（1893）
東京、世界一の一千万人都市へ（1962）

いや、人生は気合だね。

――二葉亭四迷

2月

February

足ることを知れ

February 01

What day is it today?

テレビ放送記念日
「国民新聞」が創刊
(1890)
東京〜大阪間電話開通
(1899)

ゆくすえに、
宿をそことも定めねば、
踏み迷うべき道もなきかな。

(生き方や人生の目標を枠にはめて
考えないので、あれこれ思い悩まなくてすむ)

——一休宗純

いっきゅうそうじゅん
１３９４年２月１日-１４８１年12月12日。
室町時代の臨済宗大徳寺派の禅僧。その生涯に様々な説話を残したことから江戸時代に説話が作られ、頓知で有名となる。特に、屏風の虎退治、このはし渡るべからずなどの話は有名。著書は『狂雲集』『自戒集』など。

February 02

What day is it today?

国際航空業務再開の日
東大寺大仏造営の
僧行基没 (749)
神聖ローマ帝国成立
(962)

この浄土というは、いずくなれば、
我が心のうちにあり。

(仏の国というのは、自分の心の中にある。
また地獄も自分の心の内にある)

——一休宗純

February
03

今日は今日にまかせ、
あすはあすにまかせれば、
苦もなくまた楽もなし。

(今日を精一杯に生き、明日はまた明日で精一杯に生きれば、楽しいことはないかもしれないけれど、苦しいこともない)

――一休宗純

What day is it today?

節分
鶴岡八幡宮が焼失(1296)
トルコから独立、ギリシア王国が成立(1830)

February
04

水を捨てよ、器を去れ、
無我になれ、無心になれ。

(欲やこだわりを捨て、自我を捨て、真っ白な心になりなさい)

――一休宗純

What day is it today?

西の日
中国の唐時代の僧・鑑真、入京(754)
ワシントン、アメリカ合衆国初代大統領に(1789)

February 05

己に勝つを賢とし、
己が心に負けて悩むを愚とす。

——鈴木正三

すずきしょうさん
1579年2月5日-1655年7月28日。
現在の愛知県生まれ。江戸前期の僧侶。徳川家康の元家臣。『破切支丹』は優れた仏教思想書として高く評価された。また、『念仏草子』などでは仮名草子を利用し、わかりやすく仏教を説き、井原西鶴らに影響を与えた。

What day is it today?

長崎二十六聖人殉教の日
聖徳太子が蘇我馬子らとともに『天皇記』『国記』を編纂（620）
アメリカ、アポロ 14 号月面軟着陸成功（1971）

February 06

結婚について神の定められた法律は
ただ一ヶ条ある。曰《いわ》く、愛！

——石川啄木

いしかわたくぼく
1886年2月20日-1912年4月13日。
岩手県生まれ。歌人・詩人・評論家。中学を退学後、雑誌「明星」などに詩の発表をはじめ、与謝野鉄幹の知遇を得、詩人としてデビュー。代表作に、詩集『あこがれ』、歌集『一握の砂』など。大逆事件を契機に社会主義思想に目覚めた。

What day is it today?

海苔の日
帝国劇場で第１回ミュージカル開催（1951）
ブラックホール発見（1979）

February
07

我々が書斎の窓からのぞいたり、
頬づえをついて考えたりするよりも、
人生というのはもっと広く、もっと深く、
もっと複雑で、
そしてもっと融通のきくものである。

——石川啄木

What day is it today?

北方領土の日
湯島聖堂の昌平坂学問所が完成（1690）
明治政府、日本古来の習慣“あだ討ち”を禁止（1873）

February
08

失敗は成功よりも美しく、
又更に成功よりも教訓と力に富めり。

——石川啄木

What day is it today?

針供養
新聞紙刊行条例を制定して新聞の発行を許す（1869）
アメリカでボーイスカウト運動始まる（1907）

February 09

What day is it today?

ふく（河豚）の日
ジャンボ・ジェット、初飛行（1969）
計算通りにハレー彗星、出現（1986）

自分に誠実でないものは、
決して他人に誠実でありえない。

――夏目漱石

なつめそうせき
1867年2月9日-1916年12月9日。
現在の東京都生まれ。小説家・評論家・英文学者。1900年にイギリスへ留学。帰国後に東大講師となる。1905年から『吾輩は猫である』『倫敦塔』『坊っちゃん』と立て続けに作品を発表し、人気作家としての地位を固めた。

February 10

What day is it today?

ニットの日
初の洋風劇場、帝国劇場完成（1911）
東京駅八重洲大地下街、完成（1969）

みだりに過去に執着するなかれ、
いたずらに将来に未来を属するなかれ、
満身の力を込めて現在に働け。

――夏目漱石

February 11

自らを尊しと思わぬものは奴隷なり。

——夏目漱石

What day is it today?

文化勲章制定記念日
初の字幕つきアメリカ映画『モロッコ』封切り（1931）
国産初の人工衛星「おおすみ」打ち上げ成功（1970）

February 12

運命は神の考えるものだ、人間は人間らしく働けばそれで結構だ。

——夏目漱石

What day is it today?

興福寺衆徒が東大寺を襲い、放火（1255）
ソ連が人工衛星から有人の金星ロケット発射に成功（1961）
かい人 21 面相が毒入りチョコをばらまく（1985）

February 13

僕は、僕が貧乏で無かったなら、
今の僕の根強さと、楽観的とは、
生れて来なかっただろうとおもう。
貧乏の無い人生はいい人生だが、
貧乏をしたって必ずしも、
人間は不幸になるものではない。

——直木三十五

なおきさんじゅうご
1891年2月12日-1934年2月24日。大阪府生まれ。小説家。早稲田大学中退後、雑誌編集、映画製作のかたわら、時代小説を書くようになり、1931年、『南国太平記』で大衆作家としての地位を確立した。没後、直木賞が設定された。

What day is it today?

苗字制定記念日
『続日本紀』が完成（797）
気象協会がスギ花粉の飛散状況の予報を開始（1990）

February 14

おのれに存する偉大なるものの
小を感ずることのできない人は、
他人に存する小なるものの
偉大をみのがしがちである。

——岡倉天心

おかくらてんしん
1863年2月14日-1913年9月2日。神奈川県生まれ。美術家、美術史家、美術評論家、美術教育者。貿易商の家庭に生まれ、幼い頃から英語教育を受ける。1890年から東京美術学校・校長を務め、横山大観らを育てたことで知られる。

What day is it today?

チョコレートの日
聖バレンタイン、殉教す（270）
聖武天皇、国分寺建立を命じる（741）

February 15

われわれは、われわれの歴史の中に
われわれの未来の秘密が
よこたわっているということを
本質的に知る。

——岡倉天心

What day is it today?

春一番名付けの日
藤原清衡が平泉に中尊寺を建立（1105）
婦人警官、誕生（1947）

February 16

奉仕は愛情の最高表現であり、
愛は受けるよりも与えることを喜ぶ。

——岡倉天心

What day is it today?

天気図記念日
西行法師、没。73歳（1190）
一休宗純が大徳寺の住職となる（1474）

February 17

変化こそ唯一の永遠である。

――岡倉天心

What day is it today?

八戸えんぶり
マドリードで支倉常長の洗礼式（1615）
エジプト考古学者カーター、ツタンカーメンの墓を開ける（1923）

February 18

人間は生きることが全部である。
死ねばなくなる。

――坂口安吾

さかぐちあんご
１９０６年10月20日－１９５５年2月17日。
新潟県生まれ。小説家・エッセイスト。純文学のみならず、歴史小説、推理小説、文芸エッセイまで、幅広く活動。終戦直後に発表した『堕落論』は、暗澹たる世相の中で、戦時中の倫理を否定し、「堕ちきること」を肯定して多大な反響を呼び、時代の寵児となる。

What day is it today?

エアメールの日
専修念仏を禁じ、法然と親鸞が流罪になる（1207）
日本初、車内禁煙を東京市電で実施（1904）

February 19

What day is it today?

万国郵便連合加盟記念日
エジソンが蓄音機を発明（1878）
ケロッグのコーンフレーク誕生（1906）

悲しみ、苦しみは人生の花だ。

――坂口安吾

February 20

What day is it today?

歌舞伎の日
ニューヨークでナイロン・ストッキングが初売り出し（1939）
アメリカで最初の有人宇宙飛行、成功（1962）

自分が立っている所を深く掘れ。
そこからきっと泉が湧きでる。

――高山樗牛

たかやまちょぎゅう
1871年2月28日-1902年12月24日。
現在の山形県生まれ。明治期の文芸評論家、思想家。東京帝国大学に在学中から、読売新聞に小説を連載する他、『帝国文学』『太陽』などに文芸評論を発表。卒業後は博文館に入社し、『太陽』編集主幹になる。

February 21

われ病にかかりて、
ここに、まことの人生を見そめき。

――高山樗牛

What day is it today?

食糧管理法公布記念日
ベルリンで世界平和評議会第1回総会開催（1951）
日本初の日刊新聞「東京日日新聞」創刊（1872）

February 22

天にありては星、地にありては花、
人にありては愛、
これ世に美しきものの最たらずや。

――高山樗牛

What day is it today?

世界友情の日
天正遣欧使節、ローマ教皇に謁見（1585）
ベースボールの呼称が野球に決定（1895）

February 23

愛とは他人の運命を
自己の興味とすることである。
他人の運命を傷つけることを
畏《おそ》れる心である。

――倉田百三

くらたひゃくぞう
１８９１年２月23日-１９４３年２月12日。
広島県生まれ。劇作家・評論家・超国家主義者。
１９１７年に親鸞とその弟子との物語を描いた戯曲『出家とその弟子』が評価される。その後も宗教的な愛や信念を描いた作品を書き、大正宗教文学流行のきっかけを作った。

What day is it today?

税理士記念日
ローマ法王ヨハネ・パウロ2世初来日（1981）
ペリー一行、蒸気機関車の模型を贈呈（1854）

February 24

恋は二つとない大切な生活材料だ。
まじめにこの関所にぶつかれば
人間は運命を知る。

――倉田百三

What day is it today?

鉄道ストの日
ローマ教皇グレゴリウス13世がグレゴリウス暦制定（1582）
明治政府、キリスト教を解禁（1873）

February 25

信じてだまされるのは、
まことのものを疑うより
どれほどまさっているだろう。

——倉田百三

What day is it today?

夕刊紙の日
天武天皇が律令の制定を命ずる（681）
カトリック教会、エリザベス1世を破門（1570）

February 26

百の悪行に悩まされて
自分の罪を感じている悪人よりも、
小善根を積んで
己の悪を認めぬ偽善家のほうが
仏の愛にはもれている。

——倉田百三

What day is it today?

脱出の日
日本初の顕微鏡使用法を徳川家斉に講じる（1802）
日本最初の血液銀行が大阪に開業（1951）

February 27

What day is it today?

新撰組の日
薬師寺が焼失（973）
人力飛行機、初飛行に成功（1966）

わたしのまちがいだった
わたしのまちがいだった
こうして草にすわればそれがわかる

――八木重吉

やぎじゅうきち
1898年2月9日-1927年10月26日。東京都生まれ。大正期の詩人。内村鑑三の影響により、無教会主義信仰を持つ。英語教師のかたわら詩作をし、詩集『秋の瞳』を刊行した。

February 28

What day is it today?

ビスケットの日
戦後初のアメリカ映画公開（1946）
吉田首相が衆議院で「バカヤロー」発言（1953）

きれいな気持ちでいよう
花のような気持ちでいよう
報いをもとめまい
いちばんうつくしくなっていよう

――八木重吉

February
29

What day is it today?

跳躍の日
明和の大火（1772）
日本初の実用衛星「うめ」打ち上げ（1976）

くものある日　くもは　かなしい
くもの　ない日　そらは　さびしい

——八木重吉

3月

March

正直の頭に神宿る

March 01

人生を幸福にするためには、
日常の瑣事《さじ》を
愛さなければならぬ。

――芥川龍之介

あくたがわりゅうのすけ
１８９２年３月１日-１９２７年７月24日。東京都生まれ。小説家。１９１６年に発表した『鼻』が夏目漱石に認められ、若くして文壇を代表する作家となる。没後、親友で文藝春秋社主の菊池寛が、芥川の名を冠した新人文学賞「芥川龍之介賞」を設けた。

What day is it today?

全国緑化運動
ソ連の「ビーナス３号」、金星に到着（1966）
東京・日本橋高島屋に初めて立体駐車場現わる（1962）

March 02

人間は自然の与えた能力上の
制限を越えることは出来ぬ。
そうかといって怠けていれば、
その制限の所在さえ知らずにしまう。

――芥川龍之介

What day is it today?

ミニチュアの日
イギリス・フックス隊が史上初の南極大陸横断に成功（1958）
コンコルド、初飛行（1969）

March 03

どうせ生きているからには、
苦しいのはあたり前だと思え。

——芥川龍之介

What day is it today?

耳の日
日本橋開通（1603）
ロシア帝国、農奴解放（1861）

March 04

人生は一箱のマッチに似ている。
重大に扱うのはばかばかしい。
しかし重大に扱わなければ危険である。

——芥川龍之介

What day is it today?

ミシンの日
藤原頼通が宇治の平等院鳳凰堂を完成（1053）
鶴岡八幡宮、炎上（1191）

March 05

汝を高むる者はただ汝自身の中にあり。

――阿部次郎

What day is it today?

珊瑚の日

島津義久、宣教師を放逐する（1583）

青函トンネルの本州と北海道が結合（1986）

あべじろう

１８８３年８月27日-１９５９年10月20日。哲学者、美学者、作家。夏目漱石に師事。１９１４年に発表した『三太郎の日記』は青春のバイブルとして有名。慶應義塾大学、日本女子大学の講師を経て、文部省在外研究員としてのヨーロッパ留学。帰国後は東北帝国大学で美学講座を担当。

March 06

生きるための職業は、魂の生活と一致するものを選ぶことを第一にする。

――阿部次郎

What day is it today?

世界一周記念日

日本のロケット、初飛行（1926）

シャープが世界初のカラーファクシミリ発表（1990）

March
07

What day is it today?

消防記念日
日本初の女帝・推古天皇、没。75歳（628）
キャプテンクックがハワイ島に到達（1788）

愛とは、他から奪うことでなく、
自己を他に与えることである。

――阿部次郎

March
08

What day is it today?

みつばちの日
東大寺大仏殿の再建。大仏の開眼供養（1692）
東京駿河台にロシア正教のニコライ堂が完成（1891）

いかなるものといえども、
必ず急所を持つものだ。
急所を見分け得るものは成功する。

――横光利一

よこみつりいち
１８９８年3月17日-１９４７年12月30日。福島県生まれ。小説家・俳人。菊池寛に師事し、１９２３年、菊池の推挙により同人誌『文芸春秋』同人となり、『蝿』を発表。川端康成と共に新感覚派として活躍した。

March
09

What day is it today?

ありがとうの日
日本初の記念郵便切手発行（1894）
世界初の海底道路、関門国道トンネル開通（1958）

惣じて口がましく言葉おおき人は、
人のきらう事に候。
我がためにもならぬものに候。

——島井宗室

しまいそうしつ
1539年-1615年10月16日。
戦国時代、安土桃山時代から江戸時代の商人、茶人。博多で酒屋や金融業を営むかたわら、日朝貿易を行ない巨万の富を築き上げた。千利休とも親交が深かった。

March
10

What day is it today?

東京大空襲の日
道昭和尚が日本初の火葬に（700）
富士山気象レーダー運用開始（1965）

事を遂《と》げる者は、
愚直《ぐちょく》でなければならぬ。
才走ってはいかぬ。

——勝海舟

かつかいしゅう
1823年3月12日-1899年1月21日。
現在の東京都生まれ。明治期の幕臣、政治家。1860年に、遣米使節の随行艦咸臨丸を指揮して太平洋を横断。海軍操練所では諸藩の人材を教育し、幕府海軍の育成に尽力。幕府側と倒幕側の間に立ち、西郷隆盛と会見して江戸開城した。

March 11

学者になる学問は容易であるが、
無学になる学問は困難である。

——勝海舟

What day is it today?

パンダの日
世界初のコラムがイギリスの新聞で掲載（1751）
日本人による初のキリスト教会が横浜に設立（1872）

March 12

世間は活きている。
理屈は死んでいる。

——勝海舟

What day is it today?

サイフの日
海軍兵学校で日本初の運動会（1904）
明治政府が日曜を休日、土曜を半休とする（1876）

March 13

What day is it today?

サンドイッチデー
英国の天文学者ハーシェルが天王星を発見（1781）
クライド・トンボー、冥王星の確認を発表（1930）

僕の前に道はない、
僕に後ろに道ができる。

――高村光太郎

たかむらこうたろう
1883年3月13日-1956年4月2日。東京都生まれ。大正・昭和時代の詩人・彫刻家。ヨーロッパ、アメリカに遊学後、『スバル』に詩や美術評論を載せ、西欧の近代芸術思潮を紹介。1943年に妻・智恵子との愛を謳った詩集『智恵子抄』を発表。

March 14

What day is it today?

キャンディーの日
富士山大噴火（800）
明治政府、外国人との婚姻を許可（1873）

日常の瑣事にいのちあれ
生活のくまぐまに緻密《ちみつ》なる光彩あれ。

――高村光太郎

March
15

女が付属品を棄てると
どうしてこんなにも
美しくなるのだろうか。

――高村光太郎

What day is it today?

靴の日
マゼランがフィリピンに到達（1521）
日光東照宮の薬師堂が焼失（1961）

March
16

重いものをみんな棄てると
風のように歩けそうです。

――高村光太郎

What day is it today?

国立公園指定記念日
アメリカの人工衛星が初の宇宙ドッキングに成功（1966）
つくば科学万博開幕（1985）

March 17

What day is it today?

世界海の日
イタリア王国成立（1861）
首都高建設により数寄屋橋なくなる（1958）

心に物なきときは
心広く体やすらかなり。

――上杉謙信

うえすぎけんしん
１５３０年２月18日-１５７８年４月19日。現在の新潟県生まれ。戦国時代の越後の大名。北条氏康、織田信長、佐野昌綱らと合戦を繰り広げ、特に５回におよんだとされる武田信玄との川中島の合戦は、後世たびたび物語として描かれている。

March 18

What day is it today?

精霊の日
初の国産飛行機ができる（1931）
文部省が小中学校の「道徳」の実施通達（1958）

人われを誉むれども一糸《いっし》を加えず。
人われをそしれども一毫《いちごう》を減せず。
（誉められてもけなされても、
自分に影響はなく、まったく気にしない）

――佐久間象山

さくましょうざん
１８１１年３月22日-１８６４年８月12日。武士、兵学者・思想家。佐藤一斎に朱子学を学び、１８３９年には江戸で私塾「象山書院」を開く。門弟には吉田松陰、勝海舟、坂本竜馬など。１８４２年からは兵学を学び、大砲の鋳造に成功。その名をより高めた。

March 19

What day is it today?

カメラ発明の日
月蝕がバビロニアの天文学者によって初観測（BC712）
東京定期観光「はとバス」運行開始（1949）

志なき人は聖人も
これを如何《いかん》ともすることなし。

――荻生徂徠

おぎゅうそらい
1666年3月21日-1728年2月28日。
現在の東京都生まれ。江戸時代中期の儒学者・思想家・文献学者。幕府将軍徳川綱吉の侍医、荻生景明の長男として生まれる。私塾を開き、徂徠派を形成。多くの門人を輩出し、その文献学的方法態度は、国学に影響を与えた。

March 20

What day is it today?

電卓の日
ボルタが電池を発明（1800）
東京国立博物館と上野動物園がオープン（1882）

米は米にて用に立ち、
豆は豆にて用に立申候。

――荻生徂徠

March 21

人を用うる道は其の長所を取って
短所を構わぬ事也。
長所に短所はつきてはなれる者ゆえ、
長所さえ知れば短所は知るに及ばず。
ただよく長所を用うれば天下に棄物なし。

——荻生徂徠

What day is it today?

国際人種差別撤廃デー
義務教育年限が6年となる(1907)
奈良・高松塚古墳で極彩色壁画発見(1972)

March 22

御老中・番頭以上の人は、
ただ人を取り出すを我第一の職と心得て、
さようの人を取り出す事を
昼夜に心がくべきこと也。

(高位にある人は、
人材を発見することが第一の役割で、
それを常に心がけるべきである)

——荻生徂徠

What day is it today?

世界水の日
NHKが日本初のラジオ仮放送(1925)
ドイツで世界初のテレビ定期放送を開始(1935)

March 23

What day is it today?

世界気象デー
鎌倉大仏着工（1238）
世界最初のエレベーターがニューヨークの５階建てデパートに登場（1857）

ユーモアのない一日は、
きわめて寂しい一日である。

――島崎藤村

しまざきとうそん
1872年3月25日-1943年8月22日。

現在の岐阜県生まれ。小説家・詩人。

1893年、北村透谷らと『文学界』を刊行。

『若菜集』で認められる。その後、長編小説『破戒』を発表。自然主義文学に先がけた。

March 24

What day is it today?

マネキン記念日
蒸気機関車、引退（1970）
コッホ、結核菌を発見（1882）

古いものを壊そうとするのは
無駄な骨折りだ。
ほんとうに自分等が
新しくなることが出来れば、
古いものは壊れている。

――島崎藤村

March 25

この世にあるもので、一つとして過ぎ去らないものは無い、せめてその中で、誠を残したい。

――島崎藤村

What day is it today?

電気記念日

第１回近代オリンピック開催（1896）

初の女性博士が誕生。学位は理学博士（1927）

March 26

一日は貴い一生である。これを空費《くうひ》してはならない。

――内村鑑三

What day is it today?

『新古今和歌集』完成（1205）

ヘレン・ケラー、発音訓練を始める（1890）

巨大実験都市・多摩ニュータウン入居開始（1971）

うちむらかんぞう

１８６１年３月26日－１９３０年３月28日。東京都生まれ。キリスト教思想家、文学者、伝道者、聖書学者。福音主義信仰と時事社会批判に基づく日本独自のいわゆる無教会主義を唱えた。著書は『地人論』『基督信徒のなぐさめ』など。

March 27

日本に欠乏しているものは何か。
それは富ではない。知識ではない。
才知ある計略でもない。愛国心でもない。
道徳でもないだろう。
日本に欠けているのは
「生きた確信」である。
真理そのものを愛する「情熱」である。
この確信、この情熱からくる
無限の歓喜と満足である。

——内村鑑三

What day is it today?

仏壇の日
「各家に仏像・経を置いて礼拝供養せよ」という天皇詔が出される（685）
鎌倉大仏殿の上棟式（1241）

March 28

病むものは汝《なんじ》一人ならざるを知れ。

——内村鑑三

What day is it today?

スリーマイル島記念日
神仏分離令が出る。宗教界は大混乱になる（1868）
廃刀令（1876）

March 29

死魚は流れのままに流されるが、
活魚は流れに逆らって泳ぐ。

――内村鑑三

What day is it today?

まりも記念日
薬師寺東塔、建立（730）
南極越冬隊が南極大陸初上陸（1957）

March 30

人に物をほどこせば、
我が身のたすけとなる。

（人にものを恵んでやれば、
ひいては自分の身の助けとなる）

――日蓮

にちれん
1222年3月30日-1282年11月21日。鎌倉時代の仏教の僧。日蓮宗の開祖。12歳で出家。清澄寺に入り天台宗などを学ぶ。比叡山などで修学ののち、1253年「南無妙法蓮華経」によってのみ国家の平安があると悟り、法華経の信仰を説いた。関連本に『日蓮仏教論』など。

What day is it today?

国立競技場落成記念日
皇太子の外遊を初のテレビ中継（1953）
安田火災がゴッホの「ひまわり」を53億円で購入（1987）

March
31

What day is it today?

教育基本法・学校教育法
公布記念日
エッフェル塔、完成（1889）
日本の総人口が１億を越す
（1966）

源濁りぬればながれ清からず、
身曲がれば影直ならず。

（水が濁っていればその流れは清くならない。
身が曲がっていればその影はまっすぐになる
はずはない）

——日蓮

4月

April

情けは人のためならず

April 01

人は長生せんと思わば虚言をいうべからず。

――夢窓疎石

What day is it today?

目の日

観光目的の海外旅行が自由化（1964）

500円硬貨発行（1982）

むそうそせき

1275年-1351年10月20日。現在の三重県生まれ。鎌倉時代末から南北朝時代、室町時代初期にかけての臨済宗の僧。1292年に奈良の東大寺で受戒。1325年には後醍醐天皇の要望により南禅寺の住職となる。生涯7度に渡り国師号を歴代天皇から賜与され、七朝帝師とも称される。

April 02

悔は凶より吉に赴《おもむ》くの道なり。

（後悔するということは、自分の欠点に気づき改めることができるので、むしろ良い方向に進んでいく）

――中江藤樹

What day is it today?

図書記念日

世界初のゴルフオープン競技会がスコットランドで開催（1744）

五百円札初登場（1951）

なかえとうじゅ

1608年4月21日-1648年10月11日。現在の滋賀県生まれ。江戸時代初期の陽明学者。27歳で米子藩を脱藩し京に潜伏の後、近江で私塾を開く。身分の上下をこえた平等思想に特徴があり、武士だけでなく商工人まで広く浸透し「近江聖人」と呼ばれた。

April
03

苦しめば苦しむほど人生に洗練される。
洗練されたものには、和やかさ柔かさ、
上品な明快さがひとりでにそなわる。

――岡本かの子

What day is it today?

日本橋開通記念日
福沢諭吉が慶應義塾を開校（1868）
切符の自動販売機が国鉄に登場（1930）

おかもとかのこ
1889年3月1日-1939年2月18日。東京都生まれ。大正、昭和期の小説家、歌人、仏教研究家。漫画家岡本一平と結婚し、画家岡本太郎を生んだ。小説家としては晩年に活躍し、『母子叙情』『老妓抄』『生々流転』など代表作を発表した。

April
04

少女時代、他人の非難とか
自分の事に就ての言い訳などを除いて、
どんな話題があるであろうか。
これ等の事を絶対にしゃべれないとしたら
少女の話は仲々スムーズに進むものではない。

――岡本かの子

What day is it today?

ヨーヨーの日
琉球藩を廃し沖縄県誕生（1879）
NHK 朝の連続ドラマ『おしん』放送開始（1983）

April 05

What day is it today?

ヘアカットの日
東京府、女子の断髪を禁止（1872）
映画法公布（1939）

父と子とともに八月の草に寝て、
何物をも持たざる者の幸福を悟る。

——吉田絋二郎

よしだげんじろう
１８８６年10月24日-１９５６年4月21日。
佐賀県生まれ。小説家、随筆家。早稲田大学の教授として教鞭をとるかたわら、小説を執筆。１９３４年に早大を退職し作家活動に専念。小説・随筆・評論・児童文学・戯曲と幅広い分野で活躍した。

April 06

What day is it today?

北極の日
ワシントン、初代アメリカ大統領に就任（1789）
「ひょっこりひょうたん島」放送開始（1964）

人はひとりであるときいちばん強い！

——吉田絋二郎

April 07

What day is it today?

世界保健デー
「メートル」誕生（1795）
戦艦大和撃沈される（1945）

当世のほまれは後世のそしりとなり、
いまのそしりは後世のほまれとなる。

（今ほめられても後世で悪口になることもあり、
今悪口を言われていても、それは後に
ほめ言葉になることもある）

――熊沢蕃山

くまざわばんざん
１６１９年－１６９１年９月９日。
現在の京都府生まれ。江戸時代初期の陽明学者。中江藤樹の門下に入り陽明学を学び、１６４１年、全国に先駆けて開校した岡山藩の藩校「花畠教場」を中心に活動。晩年は京都で私塾を開いた。

April 08

What day is it today?

花祭り
飛鳥大仏が完成（609）
エーゲ海の小島でミロのビーナス発見（1820）

石は生きて居る。
どんな小さな石っころでも、
立派に脈を打って生きて居るのであります。
石は生きて居るが故に、
その沈黙は益々
意味の深いものとなって行くのであります。

――尾崎放哉

おざきほうさい
１８８５年１月20日－１９２６年４月７日。
現在の鳥取県生まれ。俳人。季語を含めない自由律俳句の代表的俳人として種田山頭火と並び称される。唯一の句集として、死後、『大空』が１９２６年に刊行された。

April 09

出る月を待つべし。
散る花を追うことなかれ。

――中根東里

What day is it today?

大仏の日
東大寺大仏の開眼供養（752）
パリで世界初の美術展が開催（1667）

なかねとうり
1694-1765年。
現在の静岡県生まれ。江戸中期の儒学者。僧侶になるが還俗し、荻生徂徠などに師事し儒学を学ぶ。また、独学で陽明学を学び、栃木県で塾を開く。晩年は浦賀で過ごした。

April 10

施して報いを願わず、
受けて恩を忘れず。

――中根東里

What day is it today?

駅弁の日
日光東照社の大造営完成（1636）
ロンドンのホワイトチャペルにビッグ・ベンができる（1858）

April 11

水を飲みて楽しむ者あり。
綿を着て憂うる者あり。

――中根東里

What day is it today?

ガッツポーズの日
メートル法公布（1891）
ハレー彗星が 76 年ぶりに地球大接近（1986）

April 12

人の過ちをいわず、わが功を誇らず。

――中根東里

What day is it today?

世界宇宙飛行の日
旧ソ連の有人宇宙船ボストーク1号打ち上げ。「地球は青かった」（1961）
アメリカがスペースシャトル第1号を発射（1981）

April 13

What day is it today?

水産デー
上野に日本初のコーヒー店「可否茶館」開店（1888）
小学校の教科書が国定になる（1903）

人の悪き事はよくよく見ゆるなり、
我が身の悪き事は覚えざるものなり。

――蓮如

れんにょ
１４１５年４月13日‐１４９９年５月14日。現在の京都府生まれ。浄土真宗本願寺中興の祖・室町時代の僧・本願寺第８世。他宗や浄土真宗他派の興隆に対し、衰退の極みにあった本願寺を中興し、現在の本願寺教団（本願寺派・大谷派）の礎を築いた。

April 14

What day is it today?

タイタニック号沈没（1912）
文部省宇宙科学研究所開設（1981）
任天堂ゲームボーイ発売（1989）

いかに文釈をおぼえたりとも、
信がなくばいたずらごとよ。

（どんなに経文や解釈を学んでも、
そこに信心がなければだめである）

――蓮如

April 15

朝には紅顔ありて、
夕べには白骨となれる身なり。

（朝、元気よく目覚めたとしても、
夕方には息絶える身でもある。）

——蓮如

What day is it today?

ヘリコプターの日
日本初のターミナルデパート、阪急百貨店開店（1929）
ヘレン・ケラー来日（1937）

April 16

一つのことを聞きて、
いつも珍しく初めたるように
信の上にはあるべきなり。

——蓮如

What day is it today?

チャップリンデー
金閣寺の上棟式（1397）
日本最初の女子フルマラソン開催（1978）

April 17

みんなちがって　みんないい

――金子みすゞ

What day is it today?

恐竜の日

鳥獣保護、最古の法律（676）

日光の杉並木完成（1648）

かねこみすず

1903年4月11日-1930年3月10日。山口県生まれ。大正時代末期から昭和時代初期の童謡詩人。1923年に『童話』『婦人倶楽部』『婦人画報』『金の星』の4誌に一斉に詩が掲載され、西條八十から賞賛された。26歳でこの世を去るまでに512編もの詩を綴ったとされる。

April 18

蜂はお花のなかに、
お花はお庭のなかに、
お庭は土塀《どべい》のなかに、
土塀は町のなかに、
町は日本のなかに、
日本は世界のなかに、
世界は神さまのなかに。
さうして、さうして、神さまは、
小ちやな蜂のなかに。

――金子みすゞ

What day is it today?

発明の日

グレース・ケリー、モナコ王妃となる（1956）

霞ケ関ビルが開館（1968）

April 19

世界を怖れるな、唯《ただ》自己を怖れよ。

――杉浦重剛

What day is it today?

地図の日
『新約聖書』の日本語訳完成（1880）
世界初の宇宙ステーション発射（1971）

すぎうらじゅうごう
１８５５年４月19日-１９２４年２月13日。
現在の滋賀県生まれ。明治・大正時代の国粋主義的教育者・思想家。読売・朝日新聞の社説を担当し、三宅雪嶺らと政教社発行の「日本人」や新聞「日本」を刊行。国粋主義を主張し、当時の社会に影響をおよぼす。

April 20

あすの事きのうの事に渡らずとただ今橋をわたれ世の人。

――中沢道二

What day is it today?

ロムルス、ローマを開く（753）
最初の女子大、日本女子大学が開校（1901）
日本初の飛行郵便開始（1925）

なかざわどうに
１７２５年-１８０３年。
京都府生まれ。江戸中期の心学者。家業を継いで機織りを営むが、40歳半ばに手島堵庵の弟子となり石門心学の修業に励む。関東で精力的に教化活動を繰り広げ、日本橋に開いた心学講舎参前舎を拠点に布教活動に専心した。

April 21

自分の前にいっぱい敵があらわれた時、
振り返って見るがいい。
味方だっていっぱいいるものだ。

——生田長江

いくたちょうこう
1882年4月21日-1936年1月11日。鳥取県生まれ。小説家。1898年ユニバーサリスト教会で受洗し、プロテスタントとなる。東京帝国大学哲学科卒業。ニーチェ『ツアラトゥストラ』などの翻訳の他、『生田長江全集』全12巻など多くの著作を残す。

What day is it today?

民放の日
渋谷駅前に忠犬ハチ公像建立（1934）
ハワイ州がアメリカ合衆国に加盟（1959）

April 22

叶うはよし、叶いたがるは悪し。

——千利休

せんりきゅう
1522年-1591年4月21日。現在の大阪府生まれ。千家流茶道の祖・安土桃山時代の茶人。何も削るものがないところまで無駄を省いて緊張感を作り出す、わび茶（草庵の茶）の完成者。商家に生まれ、若年より茶の湯に親しみ、茶の湯の改革に取り組む。織田信長や豊臣秀吉に仕えた。

What day is it today?

地球の日
『サザエさん』新聞連載開始（1946）
マザー・テレサ来日（1981）

April 23

稽古とは　一より習い十を知り
十よりかへる　もとのその一。

——千利休

What day is it today?

復活祭
日本学術会議が原子兵器の研究拒否を声明（1954）
静岡県に富士サファリパークが開園（1980）

April 24

家は漏らぬほど、
食事は飢えぬほどにて、
足る事なり。

——千利休

What day is it today?

植物学の日
青森〜函館間に電話が開通（1926）
目黒競馬場で第１回日本ダービーが開催（1932）

April 25

その道に入らんと思う心こそ
わが身ながらの師匠なりけれ。

――千利休

What day is it today?

歩道橋の日
モンゴルフィエ兄弟が熱気球の実験に成功（1783）
小学校でローマ字教育が始まる（1947）

April 26

後世の役に立つような、
しっかりとした仕事がしたい。

――伊能忠敬

いのうただたか
１７４５年1月11日-１８１８年4月18日。現在の千葉県生まれ。江戸後期の測量家、地理学者。幕府天文方に師事して天文学を修める。１８００年、幕府の許可を得て、奥州道中と蝦夷地東南沿岸を測量。その地図作成は幕府の評価も高く、以後、沿岸を中心に全国を測量した。

What day is it today?

孔子祭
リメンバーチェルノブイリデー
関門海底トンネル開通（1939）

April 27

ごく自然に、
だが自然に愛せるといふことは、
そんなにたびたびあることでなく、
そしてこのことを知ることが、
さう誰にでも許されてはゐないのだ。

——中原中也

なかはらちゅうや
１９０７年４月29日-１９３７年10月22日。山口県生まれ。詩人。１９２０年、雑誌『婦人画報』に短歌『筆とりて』が入選。１９２８年、音楽団体「スルヤ」で『朝の歌』『臨終』が歌われる。１９３４年には詩集『山羊の歌』を出版。高い評価を受ける。生涯で３５０篇以上もの詩を残した。

What day is it today?

哲学の日
ソクラテス没（BC399）
帝国図書館（現在の国会図書館）が開館（1897）

April 28

幸福は、休んでゐる
そして明らかになすべきことを
少しずつ待ち、
幸福は、理解に富んでゐる。

——中原中也

What day is it today?

サンフランシスコ講和記念日
日蓮、立宗宣言（1253）
蓮如、山科本願寺建立（1497）

April 29

器の中の水が揺れないやうに、
器を持ち運ぶことは大切なのだ。
さうでさへあるならば
モーションは大きい程いい。
しかしさうするために、
もはや工夫を凝らす余地もないなら……
心よ、
謙抑にして神恵を待てよ。

——中原中也

What day is it today?

おもちゃ週間（4/29～5/5）
世界最初の電車がアメリカで開通（1851）
二宮忠八がプロペラ式模型飛行機の飛行に成功（1891）

April 30

汽車からみえる　山も　草も
空も　川も　みんなみんな
やがては全体の調和に溶けて
空に昇つて　虹となるのだらうとおもふ……

——中原中也

What day is it today?

図書館記念日
日本初のトラピスト女子修道院が函館・湯の川に設立（1898）
植村直巳、単独北極点到達（1978）

5月

May

粟一粒は汗一粒

May 01

What day is it today?

日本赤十字社創立記念日
イギリスで世界初の切手発行（1840）
ニューヨーク5番街にエンパイアステートビル完成（1931）

われ人に勝つ道を知らず。
われに勝つ道を知る。

――柳生宗矩

やぎゅうむねのり
１５７１年-１６４６年5月11日。
現在の奈良県生まれ。江戸時代初期の武将、剣術家。１５９４年に父とともに徳川家康に仕え、その後も秀忠、家光の剣術師範として仕える。１６３６年、将軍の信任を深め、計1万石の加増を受けて大名に列し、大和国柳生藩を立藩した。

May 02

What day is it today?

エンピツ記念日
緑茶の日
サマータイム実施。しかし、評判が悪く1952年に廃止（1948）

平常心をもって一切のことをなす人、
これを名人というなり。

――柳生宗矩

May 03

目に見えるを見と言い、
心に見るを観と言う。

――柳生宗矩

What day is it today?

博多どんたく
大阪で初の地下鉄開通（1933）
第1回世界柔道選手権（1956）

May 04

刀《かたな》短くば一歩を進めて長くすべし。

――柳生宗矩

What day is it today?

ラムネの誕生（1872）
プロ野球第１号本塁打（1936）
サッチャー、イギリス史上初の女性首相に（1979）

May 05

What day is it today?

世界子供の日
3輪自動車の本格的生産開始（1931）
東京で第1回国際見本市開催（1955）

病気は、自己向上のチャンス。
肉体が故障したら、心を点検するとよい。
心を軌道修正すれば
病気は快方に向かう。

――丸山敏雄

まるやまとしお
1892年5月5日-1951年12月14日。大正・昭和期の社会教育家、純粋倫理の創始者。福岡や長崎で教頭として教鞭をとるかたわら、日本古代史や倫理の研究に精進し、宗教、日本の精神文化の研究に熱中した。1946年、新世文化研究所（のちの倫理研究所）を創立。

May 06

What day is it today?

ゴムの日
第4回万国博覧会にてパリのエッフェル塔公開（1889）
富士通がワープロを75万円で発売（1982）

自己自身のうちに没入して、
情緒の深い静けさのうちに
心の声を聞くこと。
それが真の哲学である。

――九鬼周造

くきしゅうぞう
1888年2月15日-1941年5月6日。東京都生まれ。哲学者。明治を代表する文部官僚で男爵の九鬼隆一の息子として生まれる。東京帝国大学卒業後、ヨーロッパ諸国へ留学。帰国後、京都帝国大学教授として、フランス哲学を中心とした現代哲学を教えた。

May
07

父母のみ魂は我に生きておりと
身をもて信じつゆ疑わず

――九鬼周造

What day is it today?

博士の日
ベートーベンの第九交響曲がウィーンで初演（1824）
日本最初の鉄道が品川〜横浜間で開通（1872）

May
08

歴史とは問題の歴史である。
問題の連鎖である。
問題の提出は個人の独創による。

――九鬼周造

What day is it today?

世界赤十字デー
コカ・コーラ誕生（1886）
育児休業法成立（1991）

May 09

できる限り深い内包を持ち、
できる限り広い外延を持つ生が、
哲学の理想である。

――九鬼周造

What day is it today?

アイスクリームの日
横浜・馬車道の「あいすくりん」登場（1869）
上野公園開園式（1876）

May 10

吉凶は人によりて、日によらず。

――吉田兼好

What day is it today?

日本気象協会創立記念日
松前藩がキリスト教を厳禁する（1673）
日本初の電気自動車（1900）

よしだけんこう
1283年-1350年5月14日。
鎌倉時代から南北朝時代の随筆家・歌人である。本名は卜部兼好。兼好法師とも呼ばれる。卜部氏は古代より卜占を司り、神祇官を出す神職の家。兼好の父も吉田神社の神職であった。日本の三大随筆『徒然草』の他、『太平記』も広く知られている。

May 11

第一の事を案じ定めて、その外は思い捨てて、一事を励むべし。

——吉田兼好

What day is it today?

鵜飼い開き
日本最古のお金「和同開珎」発行（708）
御堂筋、完成（1937）

May 12

病を受くることも、多くは心より受く。外より来る病はすくなし。

——吉田兼好

What day is it today?

ナイチンゲールデー
ハレーの予言通りに彗星が出現（1910）
瀬戸大橋完成第１号（1979）

May 13

What day is it today?

『大日本史』の編纂本格化（1672）
太宰治入水心中（1948）
ローマ教皇ヨハネ・パウロ２世狙撃される（1981）

一丈の堀を超えんと思わん人は、一丈五尺を超えんと励むべきなり。

――法然

ほうねん
１１３３年５月13日-１２１２年２月29日（旧暦）。平安時代末期から鎌倉時代初期の日本の僧侶で、浄土宗の開祖。４３歳の時、善導の『観無量寿経疏』によって専修念仏に進み、比叡山を下りて東山吉水に住み、念仏の教えを広めた。この１１７５年が浄土宗の立教開宗の年とされる。

May 14

What day is it today?

イギリスのジェンナー、種痘の実験に成功（1796）
隅田川の勝鬨橋完成記念式（1940）
横綱・千代の富士引退（1991）

法爾の道理という事あり。炎は空にのぼり、水は下りさまに流れる。

（本来あるがままのものが真実の道理。炎は上にのぼり、水は下に流れる）

――法然

May 15

己の行く道は間違ってはいない。
むろん苦険道であるから
時々へたばる時がある。
けれども己は歩兵のように歩む。

――斎藤茂吉

さいとうもきち
１８８２年５月14日-１９５３年２月25日。山形県生まれ。歌人・精神科医。高校時代に正岡子規の歌集に感動し歌人を志す。１９０８年「阿羅々木」（アララギ）が創刊。積極的に活動し、編集を担当する。ウィーンへの留学後、再び歌壇に登場し「ともしび」の歌境をひらく。

What day is it today?

初のナイロン製靴下が全米で発売（1940）
『上を向いて歩こう』がアメリカのヒットチャート第1位に（1963）
沖縄本土復帰記念日（1972）

May 16

ひとごとは冷めたくとも済む。
自分に対する考は炎を潜《くぐ》った
鉄のようにあらねばならぬ。

――斉藤茂吉

What day is it today?

旅の日
松尾芭蕉が「奥の細道」へ旅立つ（1689）
東京・京都・奈良に帝国博物館設置（1889）

May 17

What day is it today?

世界電気通信記念日
ミシシッピ川が発見される（1673）
府県制、郡制が公布（1890）

赤々と　一本の道　とほりたり
たまきはる我が　命なりけり

――斉藤茂吉

May 18

What day is it today?

ことばの日
バスコ・ダ・ガマ、インドを発見（1498）
豊臣秀吉が長崎からキリシタンを追放（1588）

僕等はいつも
高いものと深いものを目がけて、
常に寂しい心を持っていねばならぬとおもう。

――斉藤茂吉

May 19

善とは一言にていえば人格の実現である。

――西田幾多郎

What day is it today?

横浜駅（現在の桜木町駅）開業（1872）
ハレー彗星が地球に大接近（1910）
対仏ベトナム独立同盟が結成（1941）

にしだきたろう
１８７０年5月19日-１９４５年6月7日。石川県生まれ。哲学者。京都大学教授、名誉教授。東洋諸思想や禅、浄土宗などの仏教の説くところを西洋人にも理解しうる哲学論理で説明したいという使命感で、東洋思想と西洋思想をそれぞれ根源まで突きつめた上、日本の個性を重要視する堅実な思考を持つ。

May 20

物を知るには之を愛せばならず、物を愛するのは之を知らねばならぬ。

――西田幾多郎

What day is it today?

ローマ字の日
人は右、車は左の対面交通が決まる（1949）
新東京国際空港（成田空港）開港（1978）

May 21

What day is it today?

リンドバーグ翼の日
舎人親王らが『日本書記』を完成する（720）
京都に日本初の小学校開校（1869）

現世利益の為に
神に祈る如きはいうに及ばず、
徒らに往生を目的として念仏するのも
真の宗教心ではない。

――西田幾多郎

May 22

What day is it today?

ガールスカウトデー
エジソンが活動写真を公開（1891）
第１次吉田内閣が成立（1946）

幸福人とは、過去の自分の生涯から
満足だけを記憶している人々であり、
不幸人とは、
それの反対を記憶している人々である。

――萩原朔太郎

はぎわらさくたろう
１８８６年11月１日-１９４２年５月11日。群馬県生まれ。大正・昭和期の詩人。北原白秋に師事。１９１７年に処女詩集『月に吠える』が詩壇の絶大な評価を受け、一躍詩壇の大御所の仲間入り。高村光太郎とともに口語自由詩を完成させたと言われており、現代詩人にも多大な影響を与えた。

May 23

人の年老いていくことを、
だれか成長と考えるか。
老は成長でもなく退歩でもない。
ただ「変化」である。

——萩原朔太郎

What day is it today?

KISSデー
コペルニクスが地動説を発表（1543）
日本初のキスシーン映画『はたちの青春』封切り（1946）

May 24

もっとも親しき友人というのは、
つねに兄弟のように退屈である。

——萩原朔太郎

What day is it today?

ゴルフ場記念日
イギリス人、初めてアメリカへ移住（1607）
モールスがモールス信号を初発信（1844）

May 25

What day is it today?

広辞苑記念日
富士山噴火（864）
私鉄の山陽鉄道に日本初の食堂車（1899）

みがかずば　玉の光は　いでざらむ
人のこころも　かくこそあるらし

――昭憲皇太后

しょうけんこうたいごう
１８４９年５月９日-１９１４年４月９日。明治天皇の皇后。１８６７年、女御に定まり、翌年入内、皇后に立てられた。女子教育の振興や慈善事業の発展、宮中の洋装化などにも熱心で、日本の近代化に貢献した。

May 26

What day is it today?

ふろの日
フォルクスワーゲン第１号誕生（1938）
東名高速道路全線開通（1969）

おこたりて　磨かざりせば　光ある
玉も瓦に　ひとしからまし

――昭憲皇太后

May 27

人生最高の価値は知識にあらず、
黄金にあらず、名誉にあらず、
ただ、一個の善人たるにあり。

――綱島梁川

What day is it today?

海軍記念日
藤原定家によって小倉百人一首が完成（1235）
山陽線全線開通（1901）

つなしまりょうせん
１８７３年5月27日-１９０７年9月14日。岡山県生まれ。明治の思想家。東京専門学校（現・早稲田大学）に在学中はクリスチャンとして教会に出席する一方、東西の文学、哲学に親しんだ。『病間録』『回光録』は西田幾多郎など当時の若者に影響を与える。

May 28

人間といふ奴は
実によく間違いをする。
まるで間違いをする為に
何かをするみたいだ。

――森本薫

What day is it today?

花火の日
エジソン、アルカリ電池を発表（1902）
電柱広告許可（1902）

もりもとかおる
１９１２年６月４日-１９４６年10月６日。大阪府生まれ。劇作家・演出家・翻訳家。高校在学中に発表した一幕ものの戯曲『ダムにて』が処女作。その後、京都帝国大学を卒業後、劇団エラン・ヴィタールに参加。作家や演出家として活動。１９４０年には文学座に参加。

May 29

人間は何事にせよ、自己に適した一能一芸に深く達してさえおればよろしい。

――与謝野晶子

よさのあきこ
1878年12月7日-1942年5月29日。大阪府生まれ。明治・大正・昭和期の歌人、詩人。1900年に機関誌『明星』に短歌を発表。翌年上京し、処女歌集『みだれ髪』を刊行。浪漫派の歌人としてのスタイルを確立した。

What day is it today?

こんにゃくの日
麒麟ビール発売（1888）
京都に地下鉄開通（1981）

May 30

厭々《いやいや》する労働はかえって人を老衰に導くが、自己の生命の表現として自主的にする労働は、その生命を健康にする。

――与謝野晶子

What day is it today?

掃除機の日
初のアマチュア無線の認可（1921）
消費者保護基本法公布（1968）

May

31

What day is it today?

世界禁煙デー
浅間山が大噴火（1909）
初のカトリック大学、上智大学が授業開始（1917）

人間は誰もまだまだ伝習の夢を見て居て、
折々にちょいと目を開いては微かに、
真実の一片を見るのでは無いでしょうか。

——与謝野晶子

6月

June

雨降って地固まる

June 01

What day is it today?

日本初の写真撮影。モデルは薩摩藩主・島津斉彬（1841）

東京で初めて天気予報（1884）

1円硬貨発行（1951）

我、事において後悔せず。

――宮本武蔵

みやもとむさし

1584年-1645年6月13日。現在の兵庫県生まれ。江戸時代初期の剣豪。吉岡清十郎らと立会い、二刀流の奥義を開眼。『五輪書』には13歳で初めて決闘し勝利、以来29歳までに60余回の勝負を行い、すべてに勝利したと記述される。また書画でも優れた作品を残している。

June 02

What day is it today?

横浜港開港記念日

細川勝元が禅宗に帰依し、石庭で有名な京都・竜安寺創建（1450）

アメリカの無人探査機が月面軟着陸に初成功（1966）

千里の道もひと足ずつはこぶなり。

――宮本武蔵

June 03

What day is it today?

ムーミンの日
ペリーが黒船4隻を率いて浦賀に来航（1853）
カルピスの広告が新聞に初掲載。「初恋の味」のキャッチフレーズが大評判に（1924）

神仏を崇びて神仏を頼らず。

——宮本武蔵

June 04

What day is it today?

虫の日
招魂社から靖国神社に改名（1879）
京都に日本初の水力発電所完成（1892）

話せば分かる。

——犬養毅

いぬかいつよし
1855年6月4日-1932年5月15日。
現在の岡山県生まれ。政治家。第29代内閣総理大臣。郵便報知新聞の記者として西南戦争に従軍し、書いた記事で有名になる。大隈重信と結成した改進党で活躍。第1次護憲運動では尾崎行雄とともに「憲政の神様」と呼ばれた。

June 05

順境とか逆境とか、
貧富とかいうことを苦にするとせぬは、
畢竟目的が
定って居るか居らないかに在る。

――犬養毅

What day is it today?

世界環境デー
フランスで世界初の熱気球(1783)
春分の日、秋分の日決定(1878)

June 06

人生は一種の苦役なり。
ただ不愉快に服役するのと
欣然《きんぜん》として服役するとの相違あるのみ。

――徳富蘇峰

What day is it today?

楽器の日
日本初の女子アパートが東京・大塚に登場(1930)
東京の電話が 50 万台を突破(1958)

とくとみそほう
1863年3月14日-1957年11月2日。
現在の熊本県生まれ。明治から昭和期のジャーナリスト、歴史家、評論家。平民主義を主張する月刊誌『国民之友』や『國民新聞』を創刊。日本主義的な思想を一貫していた。徳富蘆花は弟。

June 07

What day is it today?

ノルウェーがスウェーデンからの分離を宣言（1905）
世界最小国のバチカン市国誕生（1929）
第１回日本母親大会開催（1955）

忍耐と勤勉と希望と満足とは
境遇に勝つものなり。

——国木田独歩

くにきだどっぽ
1871年8月30日-1908年6月23日。
千葉県生まれ。小説家、詩人、ジャーナリスト、編集者。田山花袋らと知り合い「独歩吟」を発表。『武蔵野』『牛肉と馬鈴薯』などの浪漫的な作品の後、『運命論者』など自然主義の先駆とされる作品を発表した。雑誌『婦人画報』の創刊者。

June 08

What day is it today?

成層圏発見の日
日本の銀行が初めて海外支店を出す（1878）
四国と淡路島を結ぶ大鳴戸橋開通（1985）

心に迷いある時は人を咎《とが》む、
迷いなき時は人を咎めず。

——手島堵庵

てじまとあん
1718年6月12日-1786年3月8日。
現在の京都府生まれ。江戸時代中期の心学者。18歳で石田梅岩に師事し、1738年に開悟。石門心学の講説を行い、庶民を教え導く指導者的存在であった。また組織の改革や教化方法の改善にも手腕を発揮した。

June
09

What day is it today?

ロックの日
ドナルド・ダック初登場（1934）
皇太子、小和田雅子さんと結婚の儀（1993）

小さなことが小さなことではない。
大きなことが大きなことではない。
それは心一つだ。

――有島武郎

ありしまたけお
１８７８年３月４日-１９２３年６月９日。東京生まれ。小説家。学習院中等全科を卒業後、農学者を志して札幌農学校に進学。内村鑑三らの影響でキリスト教に入信。志賀直哉や武者小路実篤らとともに同人雑誌「白樺」に参加。『かんかん虫』などを発表し活躍した。

June
10

What day is it today?

時の記念日
森永製菓ミルクキャラメル発売（1913）
国立西洋美術館開館（1959）

憎しみとは
人間の愛の変じた一つの形式である。

――有島武郎

June
11

労働をなさざる人に
真性の快楽は決して与へられず。

——有島武郎

What day is it today?

平清盛、法華経 10 巻を奉納（1172）
日本初の銀行、第一国立銀行設立（1873）
日本初の海底トンネル、関門トンネル下り線が開通（1942）

June
12

前途は遠い。そして暗い。
しかし恐れてはならぬ。
恐れない者の前に道は開ける。
行け。勇んで。小さき者よ。

——有島武郎

What day is it today?

恋人の日
鹿鳴館で日本初のバザー（1884）
日本初の原子力船「むつ」進水（1969）

June 13

恃《たの》むところある者は
恃む者のために滅びる。

——織田信長

おだのぶなが
1534年6月23日-1582年6月21日。戦国時代から安土桃山時代の武将・大名。豊臣秀吉没後、本家を滅ぼし尾張を統一。桶狭間の戦いで今川義元を破り、天下統一を意識する。その後、勢力を拡大していくも、天下統一目前で、本能寺の変により自害。

What day is it today?

鉄人の日
日本人初の太平洋横断に出航（1610）
本居宣長『古事記伝』完成（1798）

June 14

仕事は探してやるものだ。
自分が創り出すものだ。
与えられた仕事だけをやるのは雑兵だ。

——織田信長

What day is it today?

花の日
アメリカの国旗が制定（1777）
ハワイ、アメリカに併合（1900）

June 15

What day is it today?

暑中見舞いの日
新橋～下関間に初の特別急行列車運転。展望車つき（1912）
暑中見舞いはがきが初めて発売される（1950）

臆病者の目には、
常に敵が大軍に見える。

——織田信長

June 16

What day is it today?

和菓子の日
国民精神総動員委員会がネオン全廃など生活刷新案決定（1939）
初の女性宇宙飛行士が宇宙へ（1963）

朝夕の食事はうまからずとも
ほめて食うべし。

——伊達政宗

だてまさむね
1567年9月5日-1636年6月27日。
現在の山形県生まれ。戦国時代の武将。奥州（後の陸前国）の戦国大名。幼少時に患った天然痘により右目を失明。戦国屈指の教養人として、豪華絢爛を好むことで知られていた。

June 17

What day is it today?

興教大師誕生会
考古学出発の日
宇宙中継で沖縄返還協定調印（1971）

死ぬ時自分以外に他あるを顧みて
其処に何かの責任上の一言を遺して置く。
これ人間が万物の霊長たる由縁であろう。

——岡本一平

おかもといっぺい
１８８６年6月11日-１９４８年10月11日。北海道生まれ。漫画家、作詞家。１９１０年に美術学校を卒業し帝国劇場で舞台芸術の仕事に関わった後、朝日新聞社に入社し、漫画記者となる。漫画に解説文を添えた漫画漫文という独自のスタイルを築き、一時代を築いた。

June 18

What day is it today?

海外移住の日
日本からブラジルへ本格的な海外移住スタート（1908）
沖縄戦でひめゆり部隊自決（1945）

昨日の非は悔恨《かいこん》すべからず。
明日、これ念慮《ねんりょ》すべし。

——杉田玄白

すぎたげんぱく
１７３３年10月20日-１８１７年6月１日。現在の東京都生まれ。江戸時代の蘭学医。当時珍しかった死体の解剖を、オランダの医学書を持って見学し、その解剖図の正確さに感嘆。前野良沢らとともに和訳し、『解体新書』として刊行した。

June
19

What day is it today?

ベースボール記念日
秀吉、キリシタン禁令を出す（1587）
京都府開庁の日（1985）

愛は最高の奉仕だ。
みじんも、
自分の満足を思ってはいけない。

——太宰治

だざいおさむ
１９０９年６月19日-１９４８年６月13日。青森県生まれ。小説家。１９３５年に『逆行』が第１回芥川賞候補となる。坂口安吾、石川淳などともに新戯作派、無頼派とも称された。一方、聖書やキリスト教にも強い関心を抱き続け、聖書に関する作品として『駈込み訴へ』などがある。

June
20

What day is it today?

活字印刷機が初めて輸入される（1582）
初の日本製映画が上映される（1899）
牛肉・オレンジ輸入自由化（1988）

私は確信したい。
人間は恋と革命のために
生まれてきたのだ。

——太宰治

June
21

笑われて、笑われて、つよくなる。

——太宰治

What day is it today?

冷蔵庫の日
日本がユネスコとILO（国際労働機関）に加盟（1951）
近畿日本鉄道、冷房特急の運転開始（1957）

June
22

幸福の便りというものは、
待っている時には決して来ないものだ。

——太宰治

What day is it today?

ボウリングの日
ガリレオ、宗教裁判にかけられる（1633）
フランクリン、雷雨の中で空中電気の実験（1752）

June 23

What day is it today?

沖縄慰霊の日
タイプライター誕生（1868）
国際オリンピック委員会パリで創立（1894）

人の一生は重き荷を負うて遠き道を行くが如し。急ぐべからず。

――徳川家康

とくがわいえやす
１５４３年1月31日-１６１６年5月22日。現在の愛知県生まれ。戦国大名・江戸幕府の初代征夷大将軍。江戸幕府・開府に始まる江戸時代は２６４年にわたって続き、日本に長い太平の世をもたらした。

June 24

What day is it today?

イタリアの僧侶ギドーがドレミの音階を定める（1024）
H_2O発見（1783）
アメリカの実業家が最初のUFO目撃（1947）

勝つ事ばかり知りて負くる事を知らざれば害其の身に至る。

――徳川家康

June 25

器物は何ほどの名物にても、
肝要の時の用に立たず。
宝の中の宝というは、人にて留めたり。

——徳川家康

What day is it today?

住宅デー

士農工商の身分制度廃止（1869）

世界銀行設立。日本の加盟は 1952 年（1946）

June 26

若葉の森の夜は
静かな中に賑やかさが籠《こも》っている。
眩しそうに日に照らされている
真昼の森よりも、
夜の森には若葉の自在な囁きがある。
人間の官能も、
昼は視覚のみが働きがちで、
微妙な自然の楽の音を意味なく、
聞き流す。

——吉江喬松

よしえたかまつ
１８８０年９月５日‐１９４０年３月26日。
長野県生まれ。フランス文学者、詩人、評論家。早稲田大学英文科卒業後、国木田独歩らの近事画報社で「新古文林」の編集にあたる。１９１５年、早稲田大学教授となり、１９１６年、パリに留学。帰国後、文学部に仏文科を創設した。

What day is it today?

露天風呂の日

小笠原諸島の日本復帰（1968）

東京・丸の内でエレベーターつきの初の貸しビル（1914）

June
27

諸君が困難に会い、
どうしてよいか全くわからないときは、
いつでも机に向かって
何かを書きつけるのがよい。

――小泉八雲

こいずみやくも（ラフカディオ・ハーン）
1850年6月27日-1904年9月26日。
ギリシャ生まれ。紀行文学家・随筆家・小説家。
1890年に来日。1896年、東京帝国大学文科の英文学講師に就任。その後、帰化し、『日本瞥見記』『東の国から』などの随筆で、生活に密着した視点から日本を欧米に紹介した。

What day is it today?

銀閣寺完成（1483）
ロンドンで女性向けの雑誌が初めて発行（1693）
世界初の工業用原子力発電所がソ連で運転開始（1954）

June
28

あなたの話、あなたのことば、
あなたの考えでなければいけません。

――小泉八雲

What day is it today?

貿易記念日
第一次世界大戦勃発（1914）
「就職情報」創刊（1975）

June 29

死者がこの世にもたらす
唯一の不思議な力は、
理想に対するあこがれであり、
古き世の希望の光りに対する
あこがれである。

——小泉八雲

What day is it today?

ビートルズ記念日
幕府、清との密貿易を厳禁（1718）
東京九段に招魂社創建（1869）

June 30

人格。個性。——そんなものは
夢に夢見る幻影に過ぎぬ。
あるのは唯無窮の生命のみ。
ありと見ゆるは唯その生命の顫動《せんどう》のみ。
太陽も、月も、星も、地も、空も、海も、
心も、人も、空間も、時間も——
一切のものは影である。

——小泉八雲

What day is it today?

アインシュタイン、相対性理論発表（1905）
新橋停車場構内に初の駅食堂（1872）
ロンドンのタワーブリッジ完成（1894）

7月

July

人事をつくして天命を待つ

July 01

What day is it today?

童謡の日
東海道線が全線開通。新橋～神戸間は20時間5分（1889）
ソニーが「ウォークマン」発売（1979）

日の光をかりて照る大いなる月よりも、
自ら光を放つ灯火たれ。

――森鷗外

もりおうがい
1862年2月17日-1922年7月9日。
現在の島根県生まれ。小説家・評論家・翻訳家・医学者・軍医。東京帝国大学医学部卒業後、軍医となりドイツへ留学。帰国後、訳詩編『於母影』、小説『舞姫』、翻訳『即興詩人』を発表。その後、軍医総監を経て、執筆活動を再開した。

July 02

What day is it today?

うどんの日
ツェッペリンが初の飛行船の試験飛行に成功（1900）
国宝・金閣寺炎上（1950）

武士はいざという時には飽食はしない。
しかしまた空腹で
大切な事に取り掛かることもない。

――森鷗外

July 03

己の感情は己の感情である。
己の思想も己の思想である。
天下に一人のそれを
理解してくれる人がなくたって、
己はそれに安んじなくてはならない。
それに安んじて
恬然としていなくてはならない。

——森鴎外

What day is it today?

波の日
ザビエルが鹿児島に上陸、布教（1549）
テレビがアメリカで発売（1928）

July 04

一匹の人間が持っている丈の精力を
一事に傾注《けいちゅう》すると、
実際不可能な事はなくなるかも知れない。

——森鴎外

What day is it today?

梨の日
『不思議の国のアリス』出版（1862）
新東京国際空港、成田に決まる（1966）

July
05

What day is it today?

ベネズエラ独立記念日
ビキニ初登場（1946）
ミニバイクにヘルメットの着用を義務づけ（1986）

仁者は常に人の是を見る。
不仁者は常に人の非を見る。

――伊藤左千夫

いとうさちお
1864年9月18日-1913年7月30日。現在の千葉県生まれ。歌人、小説家。1898年に新聞「日本」に『非新自讃歌論』を発表。師事していた正岡子規の没後、根岸短歌会系歌人をまとめ、短歌雑誌『馬酔木』『アララギ』の中心となって、斎藤茂吉、土屋文明などを育成した。

July
06

What day is it today?

サラダ記念日
日本が第 5 回オリンピックに初参加（1912）
東京・谷中の五重塔が心中放火で全焼（1957）

恋の悲しみを知らぬものに
恋の味は話せない。

――伊藤左千夫

July 07

What day is it today?

ゆかたの日

聖武天皇が七夕の詩を作らせる。七夕の初め（734）

アメリカのメイマン、レーザーを発見（1960）

できる事でもできぬと思えばできぬ。
できぬと見えても
できると信ずるがためにできる事がある。

――三宅雪嶺

みやけせつれい
１８６０年７月７日-１９４５年11月26日。
現在の石川県生まれ。哲学者・評論家・ジャーナリスト。「自由新聞」で戦前の大ジャーナリストとして活躍。国粋主義の立場を主張する『日本人』を創刊。東洋哲学を西洋哲学と並ぶものとして、東西両哲学の拮抗と総合とを目指した。

July 08

What day is it today?

質屋の日

プロ野球ナイター実況を初めて中継。東京後楽園球場（1950）

東京空港に初めてイギリスのジェット旅客機が着陸（1952）

正直者で失敗するのは、
正直のために失敗するのではない。
他に事情があるのである。
不正直で成功するのは、
不正直で成功するのではなく
他に事情があるからである。

――三宅雪嶺

July
09

七転び八起きは、
歩みの経験において
避くべからざることである。

——三宅雪嶺

What day is it today?

浅草ほおずき市
日本初の生命保険会社、明治生命開業（1881）
後楽園遊園地オープン（1955）

July
10

例えれば、鍛冶屋が
腕を振って腕が太くなるように、
元気を出し続けると
元気は増して来るものである。

——三宅雪嶺

What day is it today?

納豆の日
日本初のタクシー会社創立（1912）
『ウルトラマン』放映開始（1966）

July
11

十億の人に十億の母あらむも
わが母にまさる母ありなむや

——暁烏敏

あけがらすはや
1877年7月12日－1954年8月27日。
石川県生まれ。明治から昭和期の宗教家。真宗大谷派の僧。1896年に真宗大学本科に入学するが、清沢満之の宗門革新運動に同調し一時退学処分に。その後、上京し清沢の門に入り、全国を伝道。1951年に東本願寺宗務総長となる。

What day is it today?

真珠の養殖に成功。ミキモト・パールの誕生（1893）
東京の5駅のホームで、禁煙タイムがスタート（1974）
地球の人口が50億人を超える（1987）

July
12

鬼はわしが作っておるんだ、
この邪見驕慢《じゃけんきょうまん》の心から
地獄がうまれておるんだ。
これによって自ら苦しんでおるんじゃ

——暁烏敏

What day is it today?

日本卓球会設立（1931）
東京放送局（NHK）本放送開始（1925）
国立東京第一病院で人間ドックを開始（1954）

July 13

What day is it today?

東経 135 度が日本の標準時に決まる（1886）
第1回サッカーワールドカップ（1930）
ニューヨーク大停電（1977）

苦は楽しみの種。
楽は苦の種と知るべし。

——徳川光圀

とくがわ みつくに
1628年7月11日-1701年1月14日。
江戸時代の水戸藩第2代藩主。水戸黄門としても知られる。寺社改革や殉死の禁止、蝦夷地の探検などを行った他、後に『大日本史』と呼ばれる修史事業に着手し、古典研究や文化財の保存活動など数々の文化事業を行った。

July 14

What day is it today?

東京日日新聞に日本初の求人広告が掲載（1872）
政府が日本の呼称を「ニッポン」に統一（1970）
日本一の横浜ランドマークタワー完成。70 階建（1993）

勝負は時の運とは云いながら、
時と運とだけではあきらめきれない
人間の心がある。

——林芙美子

はやしふみこ
1903年12月31日-1951年6月28日。
小説家。1928年から雑誌『女人芸術』に、19歳から23歳頃までの多感な放浪の日々を書き綴った私小説『放浪記』を連載し、1930年に単行本化。ベストセラーとなった。

July 15

只今が其時、其時が只今也。

（今がその時である）

——山本常朝

やまもとじょうちょう
1659年7月30日-1719年11月21日。
現在の佐賀県生まれ。江戸時代の武士。武士としての心得を武士道という用語で説明した『葉隠』の口述者。30年以上、第二代佐賀藩主鍋島光茂に仕え、光茂の死後隠棲し、それから10年後より『葉隠』の語りが始まる。

What day is it today?

富士屋ホテルが箱根で営業を開始（1878）
宝くじ発行（1945）
任天堂がファミコンを発売（1983）

July 16

誤一度もなき者はあぶなく候。

——山本常朝

What day is it today?

日蓮、立正安国論を北条時頼に献進（1260）
アメリカの首都がワシントンに決まる（1790）
東北本線の宇都宮駅で日本初の駅弁が発売（1885）

July 17

人間の一生は誠にわずかの事なり。
好いた事をして暮らすべきなり。
夢の間の世の中に好かぬことばかりして、
苦しみて暮らすは愚かな事なり。

――山本常朝

What day is it today?

京都祇園祭山鉾巡業
江戸が東京となる（1868）
経済白書で「もはや戦後ではない」と発表。流行語に（1956）

July 18

修行に於ては
これ迄成就ということはなし。
（修行に成就はない。一生学習である）

――山本常朝

What day is it today?

光化学スモッグの日
ロサンゼルス郊外にディズニーランド開園（1955）
チャップリン来日（1961）

July 19

What day is it today?

ヘルシンキの第15回オリンピックに日本が戦後初の参加（1952）

日本初の女性大臣（厚相・中山マサ）誕生（1960）

沖縄国際海洋博覧会開幕（1975）

ゆく川の流れは絶えずして、
しかももとの水にあらず。

――鴨長明

かものちょうめい
１１５５年-１２１６年７月26日。
現在の京都府生まれ。平安時代末期から鎌倉時代の歌人。賀茂御祖神社の神事を統率する鴨長継の次男として生まれる。俊恵法師に学び歌人としても活躍。出家の後、１２１２年に成立した『方丈記』は日本の三大随筆のひとつ。

July 20

What day is it today?

日本初、手製の望遠鏡で天体観測（1793）

銀座三越内に日本マクドナルド第１号店開店（1971）

バイキング１号火星に軟着陸（1976）

それ三界はただ心ひとつなり。
心もしやすからずは象馬・七珍もよしなく、
宮殿・楼閣も望みなし。

（世の中は心の持ち方ひとつでどうにでもなる。
心が落ちつかなければ、どんな宝も意味を失い、
立派な家に住んでも心はむなしい）

――鴨長明

July 21

人のわろきというは、
ただわがみのわろきとおもうべき也。
（人が悪いと言うのではなく、
自分の悪いところを反省すべきである）

――明恵

What day is it today?

自然公園の日
日本初の通学定期券を発行（1896）
東京・日比谷大神宮で日本初の神前結婚式（1897）

みょうえ
1173年1月8日-1232年1月19日。現在の和歌山県生まれ。鎌倉前期の華厳宗の僧。幼くして両親を失い出家。仁和寺や東大寺に真言密教や華厳を学ぶ。1206年、後鳥羽上皇のゆるしを得て高山寺を開き、観行と学問につとめた。

July 22

どんな一身上の過失も、
自分の意志次第で立派な試練になります。
過失はただ、恥じたり
悲しんだりするのみすべきではありません。

――伊藤野枝

What day is it today?

下駄の日
イエズス会の宣教師フランシスコ・ザビエル、鹿児島に上陸（1549）
文部省が初の肥満児全国調査を発表（1969）

いとうのえ
1895年1月21日-1923年9月16日。福岡県生まれ。婦人解放運動家、アナキスト。雑誌『青鞜』で活躍。現代的自我の精神を50年以上先取りし、今日でも問題となっている女性課題に取り組み、多くの評論、小説や翻訳を発表した。

July

23

What day is it today?

文月ふみの日
伝統的建造物群の保存（1976）
初の女性船長でスペースシャトル「コロンビア」が打ち上げ成功（1999）

自分の信ずる事の出来る唯一のものは、
やはり自分自身より他にはありません。
自分以外の
本当に唯一な人と思う人でさえ
本当はいっしょに融け合う事は
むずかしいのです。

——伊藤野枝

July

24

What day is it today?

劇画の日
大阪・天神祭り
日本初のミス・ユニバース誕生（1959）

一切の男子は是れ我が父なり、
一切の女人は是れ我が母なり。
一切の衆生は皆是れ吾が二親、師君なり。

（この世に存在する人はすべて
自分の親であり、師であり君である）

——空海

くうかい
７７４年７月27日‐８３５年４月22日。平安時代初期の僧。「弘法大師」の名でも知られる。真言宗の開祖。日本天台宗の開祖・最澄とともに、日本仏教が転換していく流れのはじめに位置し、中国から真言密教をもたらした。能書家としても知られ、嵯峨天皇・橘逸勢とともに三筆の一人に数えられる。

July 25

心暗きときは、
すなわち遇《あ》うところことごとく禍《わざわ》いなり。
眼明らかなれば途にふれてみな宝なり。

（心が落ち込んでいるときは、出会う出来事すべてが禍になる。目が澄んでいるときは、触れるものがすべて宝になる）

——空海

What day is it today?

日本住宅公団が発足。「DK（ダイニングキッチン）」の表示が使われる（1955）
日本シェーキーズ、ピザ第1号店を東京・赤坂に開店（1973）
英国で初の試験管ベビー誕生（1978）

July 26

生まれ生まれ生まれ生まれて
生の始めに暗く、
死に死に死に死んで死の終りに冥し。

（人はみなこの世に生まれることをくり返すが、その生を持つ意味を知ることはない。そしてあの世に去る死をくり返しているが、その意味もやはり知ることはない）

——空海

What day is it today?

弘法大師が日光山と命名（820）
FBI誕生（1908）
福岡市の地下鉄1号線開業（1981）

July
27

What day is it today?

政治を考える日
世界初のジェット旅客機コメットが初飛行に成功（1949）
東京に初の光化学スモッグ注意報（1970）

春の種を下さずんば、
秋の実いかに獲ん。

（春に種をまかなければ、秋にその実を得ることはない）

――空海

July
28

What day is it today?

菜っ葉の日
日本人がアムステルダムオリンピックで初の金メダル獲得（1928）
江戸川乱歩、没（1965）

どんな失敗をしても、窮地に陥っても、
自分にはいつか
強い運が向いてくるものだと気楽に構え、
前向きに努力した。

――高橋是清

たかはしこれきよ
1854年7月27日-1936年2月26日。
現在の東京都生まれ。明治から昭和前期の政治家、財政家。仙台藩の留学生としてアメリカに渡る。横浜正金銀行支配人、日銀総裁を歴任し、日露戦争の外債募集に尽力した。原首相の後、後継首相になるが二・二六事件で暗殺される。

July 29

いかなる場合でも、
何か食うだけの仕事は
かならず授かるものである。
その授かった仕事が何であろうと、
常にそれに満足して一生懸命にやるなら、
衣食は足りるのだ。

——高橋是清

What day is it today?

アマチュア無線の日
パリ凱旋門完成（1836）
イギリス皇太子チャールズとダイアナ結婚（1981）

July 30

夢見たものは　一つの幸福
願ったものは　一つの愛

——立原道造

What day is it today?

プロレス記念日
沖縄県で交通ルール、車は左に変更（1978）
東北自動車道、浦和～青森間全通（1986）

たちはらみちぞう
１９１４年7月30日-１９３９年3月29日。東京都生まれ。詩人、建築家。１９２７年、短歌を『學友會誌』に発表、自選の歌集である『葛飾集』『両國閑吟集』、詩集『水晶簾』をまとめるなど13歳にして歌集を作り才能を発揮。１９４０年、第1回中原中也賞を受賞。

July 31

What day is it today?

パラグライダーの日
戦後初の民間航空会社、日本航空設立（1951）
東京・山手線に冷房車初登場（1970）

私はこのころ、
真実のことを云おうとすればする程、
言葉というものが
如何に不完全なものかということを
感じて来ました。

――尾崎秀実

おざきほつみ
1901年4月29日-1944年11月7日。現在の岐阜県生まれ。評論家・ジャーナリスト・革命家。第34、38、39代内閣総理大臣・近衛文麿政権のブレーンとして、政界・言論界に重要な地位を占め、日中戦争当時から太平洋戦争開戦直前まで政治の最上層部・中枢で活動した。

8月

August

浅き川も深く渡れ

August 01

怠惰の時は怠惰を知らず。

――春日潜庵

かすがせんあん
1811年-1878年。
明治時代の陽明学者。久我家の臣として、内大臣・久我建通に仕える。陽明学を学び広く東西の儒者と交流。西郷隆盛、横井小楠らと親交があり、安政の大獄では捕らえられて投獄されたが、後に許され、維新後は奈良県知事に就いた。

What day is it today?

水の日
初の海上保険会社が営業開始（1879）
初のハッカ入りたばこ「みどり」発売（1957）

August 02

世界の平和、
人類の幸福をかち得るものは
決して狭隘なる利己主義、
横暴な権力意志ではなく、
天地の公道に基づく道徳意志である。

――成瀬仁蔵

なるせじんぞう
1858年8月2日-1919年3月4日。
山口県生まれ。キリスト教牧師（プロテスタント）、日本における女子高等教育の開拓者の一人。1890年にアメリカのアンドーバー神学校などで教育学やキリスト教などを学ぶ。女子教育研究を行い、日本女子大学を創設。著書は『女子教育』『進歩と教育』。

What day is it today?

パンツの日
青森・ねぶた祭り（～7日）
パーソナル電卓カシオミニを発売（1972）

August
03

What day is it today?

はちみつの日
秋田・竿灯まつり（〜7日）
コロンブス、第1回探検に出発（1492）

初心忘るべからず。

——世阿弥

ぜあみ
１３６３年？-１４４３年９月１日？。
室町時代初期の能役者。足利義満に寵愛され、その保護の下に能楽を大成させた。現在の謡曲二百数十番のうち半数以上が彼の作といわれる。また『風姿花伝』など、父の遺訓や自ら会得した芸術論を多数書き残した。

August
04

What day is it today?

橋の日、箸の日
日本で最初のビヤホール誕生（1899）
最高裁判所発足（1947）

秘すれば花なり、
秘せずば花なるべからず。

——世阿弥

August 05

「愛は事なり」といえり。

（愛とは仕えることである）

——無住

むじゅう

1226年12月28日-1312年10月10日。現在の神奈川県生まれ。鎌倉中期・後期の僧。18歳で出家し、関東・大和諸寺で兼修。1262年から80歳になるまで、尾張国長母時に住む。

What day is it today?

山形・花笠まつり（〜7日）
郵便貯金始まる（1874）
東京で初のタクシー営業開始（1912）

August 06

我が悪をいうものは我が師なり。我が好をいうものは、我が賊《ぞく》なり。

（欠点を言ってくれる人は師であり、美点をほめる人は害をなす人である）

——無住

What day is it today?

宮城・仙台七夕（〜8日）
神聖ローマ帝国滅亡（1806）
ロンドンに電灯とエレベーターを初めて備えた世界一贅沢なホテルがオープン（1889）

August 07

What day is it today?

鼻の日
ソニーが初のトランジスタラジオを発売（1955）
第1回マスターズ・ゲームズ開幕（1985）

士に弱き者は無きものなり、
もし弱き者あらば、
その人の悪きにはあらで、
その大将の励まさざるの罪なり。

（部下にもし弱い者がいるなら、
それは上の人間が努力しないからだ）

――立花鑑連

たちばなあきつら
1513年4月22日-1585年11月2日。
戦国時代から安土桃山時代にかけての武将。豊後の戦国大名・大友氏の重臣として各地を歴戦し、戦国大名大友氏の全盛期を築き上げた。

August 08

What day is it today?

そろばんの日
世阿弥、没（1443）
キリスト教禁教令（1616）

世の人細故を挙げて大体を遺《わす》る。

（細かいことばかりに目を向けていると
全体を見失ってしまう）

――会沢正志斎

あいざわせいしさい
1782年7月5日-1863年8月27日。
武士・水戸藩士。藩校の彰考館で総裁に、弘道館では初代教授頭取に任じられ水戸学発展に貢献した。神道と水戸学を合わせて大義名分論を唱え、著作や尊皇攘夷運動は、長州藩の吉田松陰らに影響を与えた。

August 09

What day is it today?

野球の日
チョンマゲからザンギリ頭へ（1871）
国産ジェット機初飛行（1956）

我等の肉と心とは
一度壊されて更に新しく
築かれねばならぬ。

――中沢臨川

なかざわりんせん
１８７８年10月28日－１９２０年８月９日。長野県生まれ。文芸評論家、電気工学者。鉄道会社で技師として働きながら、１９０５年、初の作品集である『鬢華集』を出版。以後も文芸評論や翻訳の発表を続けた。

August 10

What day is it today?

健康ハートの日
初の都営鉄筋アパートが完成（1949）
森永製菓、インスタントコーヒー発売（1960）

ほかの善と自らの悪とは、
顕微鏡にて之を見よ。
そのいかに大いなるかを感ずべし。
ほかの悪と自らの善とは、
顕微鏡にて之を見よ。
そのいかに小なるかを感ずべし。

――清沢満之

きよざわまんし
１８６３年８月10日－１９０３年６月６日。現在の愛知県生まれ。真宗大谷派僧侶、哲学者・宗教家。１８８７年に東京大学文学部哲学科を首席で卒業。学生時代に、井上円了らと「哲学会」を始め、『哲学会雑誌』を創刊。編集に当たる。

August
11

他人を咎《とが》めんとする心を咎めよ。

――清沢満之

What day is it today?

アメリカ海軍天文台が、火星の衛星を発見（1877）
日本初のミニスカート発売（1965）
深海調査船が世界の最深記録を更新。6527m（1989）

August
12

一切の法は皆
わが心よりつくりなすものなり、
地獄も畜生もわが心のうちの苦なり。

――慈雲

じうん
1718年8月24日-1805年1月22日。現在の大阪府生まれ。江戸時代後期の真言宗の僧侶。雲伝神道の開祖。戒律を重視し「正法律」を提唱。生駒山中に隠居して研究に専念し、千巻にもおよぶ梵語研究の大著『梵学津梁』を著す。能書家としても知られる。

What day is it today?

ミシン誕生。日本に来たのは1860年（1851）
『君が代』が祝日の唱歌に（1893）
東京宝塚劇場、創立（1932）

August 13

天地をもってわが心とせば、
いたるところに安楽あり。

——慈雲

What day is it today?

函館・夜景の日
城ヶ島灯台に初めての灯（1870）
金融機関、第２土曜日休日制を実施（1983）

August 14

心動ずれば、山河大地も動ず。
心うごきなければ、
風雲鳥獣もその動揺なし。

（心が動揺していると、不動であるものも
動くように感じ、心に動揺がなければ、
常に動いているものさえも
止まっているように思えるものだ）

——慈雲

What day is it today?

『仮名手本忠臣蔵』が大坂竹本座で上演（1748）
サビ止め塗料、特許第１号を取得（1885）
世界初の完全自動化システムに住友銀行が成功（1967）

August 15

What day is it today?

蝦夷、北海道と改称（1869）
キャンディーの製造、はじまる（1899）
太平洋と大西洋をつなぐパナマ運河開通（1914）

人にともなうて誠あれば、
到るところに愁いなし。

（人と一緒に生き、そこに誠の心があれば
どこにいても心配や不安がない）

——慈雲

August 16

What day is it today?

京都五山送り火（大文字焼）
秋田・重要無形民俗文化財指定の西馬音内盆踊り
松島灯篭流し

我よく人を愛せば、人また我を愛す。

——伊藤仁斎

いとうじんさい
１６２７年８月30日‐１７０５年４月５日。現在の京都府生まれ。江戸時代前期の儒学者・思想家。日常生活の中からあるべき倫理と人間像を探求して提示。私塾・古義堂では３０００人におよぶ門人たちを指導した。

August
17

What day is it today?

鎌倉長谷の大仏鋳造（1252）
フルトン、蒸気船の実験に成功（1807）
1000円札登場（1945）

まどえる人の楽と思うは、
苦をもって、楽と思えるなり。

――鉄眼道光

てつげんどうこう
１６３０年1月1日-１６８２年3月20日。現在の熊本県生まれ。江戸前期の黄檗宗の僧。「大蔵経」刊行を発願し、全国を巡って資財を集め、１６６９年に刊行を開始。１６８１年に完成した。

August
18

What day is it today?

明治天皇が初めて馬車に乗る（1871）
ワシントンへ2000本の桜の木を寄贈（1909）
第1回全国中等学校優勝野球大会開催（1915）

いたましきかな、世の中の人、
名利の酒に酔いて、ついに正念なく、
財宝の縄につながれて、一生自由ならず。

――鉄眼道光

August 19

上は下のためにほどこし、
下は上のためにほどこし、
我は人をたすけ、上は我をたすけ、
たがいたがいに助け救い、
助けてともに甘露の妙薬《えみょう》をなめ、
同じく法界の慧命をつかむ。

——鉄眼道光

What day is it today?

バイクの日
コンデンス・ミルク登場（1856）
ドイツ飛行船、ツェッペリン伯号が霞ヶ浦に着陸（1929）

August 20

努力よりほかに
われわれの未来をよくするものはなく、
また努力よりほかに
われわれの過去を
美しくするものはないのである。

——幸田露伴

こうだろはん
1867年8月20日-1947年7月30日。
現在の東京都生まれ。小説家。坪内逍遥の『小説神髄』などと出会い、文学の道を志す。『露団々』が評価され、さらに天王寺をモデルとする『五重塔』『風流仏』などを発表し、作家としての地位を確立。明治文学の一時代を築いた。

What day is it today?

交通信号の日
中尊寺金色堂、上棟（1142）
新幹線こだま号に禁煙車登場（1976）

August 21

一切の人は皆愚人なり、皆凡人なり。
もし人ありて我は愚人にあらずといわば
其の人は既に真の愚人にして、
又人ありて我は凡人にあらずといわば
其の人は既に真の凡人たればなり。

――幸田露伴

What day is it today?

地震により猪苗代湖が出現（1611）
上野公園に日本初の噴水ができる（1877）
天気図が新聞に初掲載される（1924）

August 22

誰にでも親切にせよ、
報いは、自らに来るものだ。
病人を見てやれば、
己が病んだ時に誰か見てくれる。
人に親切を尽すという事は、
己に親切を尽すという事。

――出口王仁三郎

でぐちおにさぶろう
１８７１年８月27日-１９４８年１月19日。現在の京都府生まれ。新宗教「大本」の教義を整備した教祖。１８９９年に、戦前の巨大教団であった「大本」を形づくる。その後も新宗教の教団を結成するなど、様々な活動を展開。晩年は陶芸や絵など、芸術に没頭した。

What day is it today?

チンチン電車の日
東京で初の路面電車運行。新橋〜品川間（1903）
日韓協約調印（1904）

August 23

苦の味が在るから、
楽の味が判るのである。
人生に苦という味がなければ、
無機物と同じ。
天地経綸の神業に奉仕する事は、
不可能である。
苦しみに打ち勝った愉快は、
実に人生の花である。

――出口王仁三郎

What day is it today?

時宗の開祖・一遍、没（1289）
最期の白虎隊、自刃（1868）
NHK、プロ野球ナイターを西宮球場からテレビ初中継（1953）

August 24

遊びをせんとや生まれけむ、
戯れせんとや生まれけん、
遊ぶ子供の声きけば、
我身さえこそ動《ゆる》がるれ。

――後白河法皇

ごしらかわてんのう
1127年9月11日-1192年3月13日。
平清盛との対立で引退するが、1181年に院政を再開。平家都落ち後、源頼朝その協調を目指し、朝廷と幕府の共存の道を開いた。
信仰に厚く、遊び事も好んだ。

What day is it today?

石川五右衛門、釜ゆでにされる（1594）
ドーバー海峡初横断へ出発（1875）
Windows95 発売（1995）

August 25

文字言句《もじごんく》はこれ絵にかける餅のごとし。
（経文をただ口にするだけでは無意味である）

——円爾

えんに
1202年10月15日-1280年10月17日。現在の静岡県生まれ。鎌倉中・後期の臨済宗の僧。大宰府に崇福寺、肥前に万寿寺、博多に承天寺を開創。執権北条時頼に禅戒を授けるなど、公武に多くの信頼を得た。

What day is it today?

地震による津波で浜名湖が海続きに（1498）
日本に鉄砲伝来（1543）
日清食品、即席チキンラーメン発売（1958）

August 26

一時坐禅すれば、一時の仏なり。
一日坐禅すれば、一日の仏なり。
一生坐禅すれば、一生の仏なり。

——円爾

What day is it today?

リンドバーグ夫妻、北太平洋横断。根室経由で霞ヶ浦に飛来（1931）
100円紙幣廃止、すべて硬貨に（1966）
東京女子医大、日本初のCTスキャン開始（1975）

August
27

What day is it today?

原子炉に原子の火がともる（1957）
金星探査ロケット・マリーナ２号打ち上げ（1962）
初のコンテナ船「箱根丸」完成（1968）

世界がぜんたい
幸福にならないうちは
個人の幸福はあり得ない。

――宮沢賢治

みやざわけんじ
１８９６年８月27日-１９３３年９月21日。岩手県生まれ。詩人、童話作家、農業指導家、教育者。作者の根底には幼い頃から親しんだ仏教の影響が強い。遺作『銀河鉄道の夜』ではキリスト教の救済信仰を取りあげた。生前に発表された作品は『グスコーブドリの伝記』『注文の多い料理店』など数が少ない。

August
28

What day is it today?

国産初のバイオリン完成（1880）
日本テレビが民間テレビ第１号として放映開始（1953）
初の「気象予報士」の国家試験（1994）

正しく強く生きるとは
銀河系を自らの中に意識して
これに応じて行くことである。

――宮沢賢治

August 29

誰だって、
ほんとうにいいことをしたら、
いちばん幸せなんだねぇ。

——宮沢賢治

What day is it today?

焼肉の日
初のケーブルカーが奈良に登場（1918）
電話加入数が3000万を越える。世界第2位（1975）

August 30

人はやるだけのことはやるべきである。
けれどもどうしてもどうしても
もうできないときは
落ちついてわらっていなければならん。
落ちつき給え。

——宮沢賢治

What day is it today?

富士山に測候所（1895）
戦後初の国産機が初飛行に成功（1962）
植村直己さんが世界五大陸最高峰登頂に日本人で初成功（1970）

August
31

What day is it today?

野菜の日
車の運転免許所有者が5000万人突破（1984）
「ジュリアナ東京」閉店（1994）

父子は仁　兄弟は礼
夫婦は智　朋友は信

——山鹿素行

やまがそこう
1622年8月16日-1685年9月26日。現在の福島県生まれ。江戸前期の儒学者、兵学者。15歳で武芸、兵学、歌学、新道を学ぶ。1652年、赤穂藩に仕えるも1660年に辞し、江戸で教育と学問に専念。朱子学の内面主義を批判して日用有用の学を提唱した。

9月

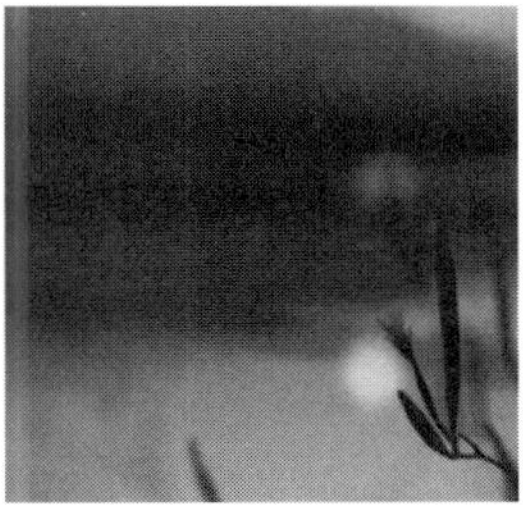

September

実るほど頭を下げる稲穂かな

September 01

人間の高下は、
そのしておられる職業によって
定まるのでなく、
そのこれを行う心がけによって
定まるものである。

——山室軍平

やまむろぐんぺい
1872年9月1日-1940年3月13日。
岡山県生まれ。日本救世軍の創始者。「岡山四聖人」の一人。1895年より救世軍に参加。日本最初の士官（牧師）、東洋で最初の司令官となり、1937年、救世軍より「創立者賞」を受ける。『平民の福音』など、わかりやすい言葉による著書が親しまれた。

What day is it today?

防災の日
宝塚歌劇団レビュー記念日
霞ヶ浦の日

September 02

為せば成る　為さねば成らぬ　何事も
成らぬは人の　為さぬなりけり

——上杉鷹山

うえすぎようざん
1751年9月9日-1822年4月2日。
江戸時代中期の大名。出羽国米沢藩の第9代藩主。領地返上寸前の米沢藩再生のきっかけを作り、江戸時代屈指の名君として知られている。

What day is it today?

宝くじの日
東京専門学校が早稲田大学と改称（1902）
リニアカー、世界初の有人走行（1982）

September
03

力不足だからこれはできないと
思ってはいけない。
真心がその不足を補ってくれる。

――上杉鷹山

What day is it today?

くみあいの日
ホームラン記念日
東京国立近代美術館のフィルムセンターで多数の映画フィルム焼失（1984）

September
04

貧者は昨日のために今日働き、
富者は明日のために今日働く。

――二宮尊徳

What day is it today?

くしの日
上野動物園で空襲に備え動物を薬殺（1943）
関西国際空港開港（1994）

にのみやそんとく
1787年9月4日-1856年11月17日。現在の神奈川県生まれ。江戸時代末期の農政家・思想家。「報徳思想」を唱えて、「報徳仕法」と呼ばれる農村復興政策を指導。他の農村の規範となった。

September 05

心の田畑さえ開墾ができれば、世間の荒地を開くこと難からず。

——二宮尊徳

What day is it today?

石炭の日
日露講和条約調印（1905）
巨人の王貞治選手、国民栄誉賞第１号を受賞（1977）

September 06

百万石の米といえども粒の大なるにあらず、万町の田を耕すも、そのわざは一鍬《いちくわ》ずつの功による。

——二宮尊徳

What day is it today?

黒の日
クロスワードパズルの日
マゼラン隊が世界一周航海によって、地球が球形であることを実証（1522）

September 07

大事をなそうと思うなら、
小事を怠るな。
小事が積もって大となるのだ。

――二宮尊徳

What day is it today?

国際青年デー
クリーナーの日
ボクシング最初のタイトルマッチ（1892）

September 08

きっと生きられますよ。
きっと生きる道はありますよ。
どこまでいっても人生には
きっと抜け道があると思うのです。

――北条民雄

ほうじょうたみお
１９１４年9月22日‐１９３７年12月5日。現在のソウル生まれ。小説家。１９３３年、ハンセン病となり隔離生活を余儀なくされてから、本格的に創作を開始。『間木老人』で川端康成に注目された。他に、自身の体験に基づく名作『いのちの初夜』など。

What day is it today?

国際識字デー
東京五輪の聖火リレーはじまる（1964）
気象衛星ひまわりが初画像を送信（1977）

September
09

What day is it today?

救急の日
チョロＱの日
日本最初の女性ゴルフ競技会（1905）

人の心程、かわり易きはなし。

――井原西鶴

いはらさいかく
1642年-1693年9月9日。
現在の大阪府出身。江戸時代の浮世草子・人形浄瑠璃作者、俳人。裕福な町人の家に生まれ、15歳から文芸の道を歩み始め、諸国を渡り歩く。談林派の代表的な俳人として活躍し、自由奔放な作品を作り親しまれた。

September
10

What day is it today?

屋外広告の日
カラーテレビ放送開始（1960）
日本の最大風速を記録。時速 250kmのパワー（1965）

貯蓄十両　儲け百両
見切り千両　無欲万両

――井原西鶴

September
11

若き時　心を砕き　身を働き
老いの楽しみを早く知るべし

——井原西鶴

What day is it today?

小野妹子、留学生・留学僧とともに再び隋へ（608）
公衆電話が初登場（1900）
後楽園球場開場（1937）

September
12

物には時節あり。
花の開閉、
人間の生死なげくべからず。

——井原西鶴

What day is it today?

宇宙の日
マラソン始まる（BC490）
全国の国公立学校で週5日制スタート（1992）

September 13

What day is it today?

世界法の日
講談落語協会が艶笑物・博徒物などの口演禁止（1940）
コンピューター・ウイルス日本上陸（1988）

言いたいことを、出放題に言っていれば、愉快に相違ない。だが、言わねばならないことを言うのは、愉快ではなくて、苦痛である。

——桐生悠々

きりゅうゆうゆう
1873年5月20日-1941年9月10日。
石川県生まれ。ジャーナリスト、文明評論家。反権力・反軍的な言論をくりひろげ、信濃毎日新聞に書いた『関東防空大演習を嗤（わら）う』と題する社説では、都市空襲を受けるならば日本の敗北は必至であるということを予言。

September 14

What day is it today?

コスモスの日
神奈川県・鶴岡八幡宮例大祭（～16日）
都内6000店の露店廃止決定（1949）

一体世の中に、何故？ ときかれて、何となればと答の出来る様な事は、ごくつまらない事に違いない。

——竹久夢二

たけひさゆめじ
1884年9月16日-1934年9月1日。
画家・詩人。数多くの美人画を残し、児童雑誌や詩文の挿絵も描いた大正浪漫を代表する画家。詩、歌謡、童話なども創作。また、書籍の装幀、広告宣伝物、日用雑貨などのデザインも手がける、日本の近代グラフィック・デザインの草分け的存在。

September 15

足の皮は厚きがよし、
面の皮は薄きがよし。

――三浦梅園

みうらばいえん
１７２３年８月２日-１７８９年３月14日。
現在の大分県生まれ。江戸中期の哲学者。
祖父の代からの医業を継ぐかたわら、研究と
著作に没頭。儒教の自然哲学と洋学的な知
識にもとづく体系的な自然哲学を提唱した。

What day is it today?

ひじきの日
初の「としよりの日」実施（1951）
国鉄中央線にシルバーシートが登場（1973）

September 16

恋という奴は
一度失敗してみるのもいいかも知れぬ、
そこで初めて味がつくような気がするね。

――若山牧水

わかやまぼくすい
１８８５年８月24日-１９２８年９月17日。
宮崎県生まれ。明治・大正・昭和初期の歌人。
１９０８年、早稲田大学卒業後に処女歌集
『海の声』を出版。１９１１年には創作社を
興し詩歌雑誌「創作」を主宰。酒と旅を愛し、
「漂白の詩人」とも称され、７０００あまり
の歌を残した。

What day is it today?

マッチの記念日
日本中央競馬会設立（1954）
毛利衛による宇宙からの授業が実現（1992）

September
17

年の喜びを感ずるときは、
つまり自己を感ずるときだと思う。
自己にぴったり逢着《ほうちゃく》するか、
あるいは自己をしみじみと
噛み味わっているときだろうと思う。

——若山牧水

What day is it today?

奈良最大の恒例行事、春日若宮祭が始まる（1136）
アメリカで飛行機事故犠牲者第1号（1908）
浜松町～羽田空港間の東京モノレール開業（1964）

September
18

人生は旅である、
我らは忽然として無窮《むきゅう》より生まれ、
忽然として無窮のおくに往ってしまう。

——若山牧水

What day is it today?

かいわれ大根の日
ニューヨークタイムズ創刊（1851）
日清食品がカップヌードル発売（1971）

September 19

一隅を照らす、
これすなわち国の宝なり。

（社会の片隅にあって社会を
照らしている人こそ国の宝である）

――最澄

さいちょう
767年9月19日-822年6月26日。
現在の滋賀県生まれ。平安時代の僧。日本の天台宗を開く。学問好きで諸学に優れ、比叡山延暦寺で一切経読破。天台智顗、大乗仏教に傾倒し、さらには密教、禅など幅広い文化を弟子や学生に伝えた。関連本に『最澄と空海―日本仏教思想の誕生』など。

What day is it today?

太政官布告により、平民も苗字が許される（1870）
初の臨時ニュースは満州事変の第一報（1931）
フランス国民議会が死刑廃止法案を可決。1792年以来のギロチンも廃止（1981）

September 20

道心のなかに衣食あり、
衣食のなかに道心なし。

（道を求める心があれば衣食は自ずから備わってくる
ものだが、逆に、衣食が満たされたからといって道を
求める心が生まれてくることはない）

――最澄

What day is it today?

マゼラン、最初の世界周航に成功（1522）
日本初の営業バスが京都を走る（1903）
国産ロケット1号機の発射成功（1957）

September 21

悪事を己に向え、好事を他に与え、
己を忘れて他を利するは慈悲の極みなり。

（悪いことは自分が引き受け、良いことは人に与える、
それは仏の慈悲につながる）

——最澄

What day is it today?

世界アルツハイマーデー
大相撲で土俵の4本柱を廃止、吊り屋根式に改造（1952）
ファミコン・ソフト「スーパーマリオ・ブラザーズ」発売（1985）

September 22

国宝とはなにものぞ。
宝とは道心なり。
道心あるの人、名づけて国宝となす。

（ひたむきな心を持つ人が国の宝）

——最澄

What day is it today?

日本救世軍創立記念日
リンカーン奴隷解放宣言（1862）
昭和天皇が手術を受ける。天皇の体にメスが入ったのは史上初（1987）

September 23

人を観察するのは、目によってする。
胸の中が、正しいか、正しくないかは、
瞳が、明るいか、暗いかによって分かる。

――吉田松陰

よしだしょういん
１８３０年９月20日－１８５９年11月21日。
現在の山口県生まれ。武士・長州藩士、思想家、教育者。明治維新の精神的指導者・理論者としても知られている。私塾・松下村塾の主宰者となり、木戸孝允、高杉晋作、伊藤博文など、維新の指導者となる人材を教えた。

What day is it today?

愛馬の日
ベルリン天文台のガレが海王星発見（1846）
国内で 29 年ぶり、20 世紀最後の金環食観測。沖縄にて（1987）

September 24

君子は、理に合うか否かと考え、行動する。
小人は、利に成るか否かと考えて、行動する。

――吉田松陰

What day is it today?

清掃の日
大日本相撲協会設立（1925）
国鉄指定席の予約「みどりの窓口」開業（1965）

September 25

およそ、世間の評価は、
当てにはならない。

――吉田松陰

What day is it today?

日比谷松本楼 10円カレーの日

全国地方銀行協会設立（1936）

アメリカで世界初のトライアスロン（1974）

September 26

今日の良心とは幸福の要求である。

――三木清

What day is it today?

彼岸明け

アメリカ大統領選、ニクソンとケネディが初のテレビ討論（1960）

当時東洋一の釣り橋、若戸大橋開通。2068メートル（1962）

みききよし

1897年1月5日-1945年9月26日。兵庫県生まれ。哲学者。京都帝国大学で西田幾多郎に師事。1922年にはドイツに留学し、ハイデルベルク大学で歴史哲学を研究した。帰国後、処女作『パスカルに於ける人間の研究』を発表。1927年に法政大学文学部哲学科主任教授となった。

September 27

いかなる情念も
愛と嫉妬ほど人間を苦しめない。
なぜならば、他の情念は
それほど持続性ではないから。

——三木清

What day is it today?

日本初の地下鉄・銀座線の起工式（1925）
フランスの新幹線TGVが営業開始（1981）
横浜ベイブリッジ開通（1989）

September 28

孤独は山になく、街にある。
一人の人間にあるのではなく、
大勢の人間の「間」にあるのである。

——三木清

What day is it today?

水戸に庭園、後楽園が完成（1629）
京浜線で自動ドアの電車が登場（1926）
17 年間続いたドリフターズの『8時だよ！全員集合』が終了（1985）

September 29

幸福はつねに外に現る。

――三木清

What day is it today?

クリーニングの日
横浜に初のガス灯（1872）
富士ゼロックス初の国産電子複写機を完成（1962）

September 30

人の情の感ずること、恋にまさるはなし。

――本居宣長

もとおりのりなが
１７３０年５月７日-１８０１年９月29日。現在の三重県生まれ。江戸中・後期の国学者。医学修行のため京都に遊学中、漢学を学ぶかたわら歌学に触れて開眼。『古事記』研究のため賀茂真淵に入門。１７９８年に『古事記伝』が完成した。

What day is it today?

ペニシリン発見 (1928)
天皇・皇后、初の訪米（1975）
京都市の路面電車が撤廃（1978）

10月

October

言は心の使い

October 01

What day is it today?

コーヒーの日
森永ミルクチョコレート発売（1918）
日本の人口が1億人突破（1970）

過まれるを改める善の、
これより大きなるは無し。

（過失を認めて反省し改めるという善にまさる善はない）

――慈円

じえん
1155年4月15日-1225年9月25日。
平安から鎌倉前期の天台宗の僧。幼い頃に延暦寺に入り、1167年に受戒。以後、寺内で昇進し、38歳で天台座主になる。歌人としても有名で『新古今集』には多くの歌が選ばれた。

October 02

What day is it today?

アウトドアスポーツの日
豆腐の日
伊勢神宮式年遷宮「遷御の儀」（1993）

人というものは、
身ずからを忘れて他を知るを
実動とは申し侍《はべ》るなり。

（自分のことばかりでなく、他人を理解することが人としての真実の生き方である）

――慈円

October 03

What day is it today?

イギリス初の原爆実験（1952）
日本武道館開館（1964）
東西ドイツ統一（1990）

剣は心なり。
心正しからざれば、
剣また正しからず。

――島田虎之助

しまだとらのすけ
1814年5月22日-1852年10月28日。
幕末の剣客。男谷信友、大石進とならび幕末の三剣士といわれた。また、剣術以外に儒教や禅も好んで学んだ。

October 04

What day is it today?

都市景観の日
薬師寺が完成（698）
パリとイスタンブールを結ぶオリエント急行が営業開始（1883）

専《もっぱ》ら平等心をおこして、
差別の思いをなくすことなかれ。
（人は平等であるという心を持ち、
差別する心をおこしてはならない）

――一遍

いっぺん
1239年2月15日-1289年8月23日。
現在の愛媛県。鎌倉中期の僧。時宗の開祖。
1248年に出家。その後一度還俗し、
1267年に再出家する。日本全土を巡礼し、踊念仏修して人々に念仏を勧めた。

October 05

万法は無より生じ、
煩悩は我より生ず。

（宇宙全体のすべての真理は無から生じ、煩悩は我欲から生じる）

——一遍

What day is it today?

東京音楽学校開校（1887）
服部時計店クォーツデジタル腕時計を発売（1973）
日本初の時刻表が出版される（1894）

October 06

本来、無一物《むいちもつ》なれば、
諸事において実有《じつう》、我物《がもつ》の
おもいをなすべからず。
一切を捨離《しゃり》すべし。

（人間は本来、何も持たず生まれてきたので、すべてにおいて自分のものとして所有しているという考えを持ってはいけない。すべてを捨て去りなさい）

——一遍

What day is it today?

国際協力の日
学生・未成年者のカフェバー出入りを禁止（1934）
東京・有楽町センタービル（マリオン）オープン（1984）

October 07

生死《しょうじ》、本無《もとむ》なれば、
学すともかなうべからず。

（生死は、我という煩悩による迷いであって
本来は無であるから、生死を学んで
超えようとしてもかなわない）

――一遍

What day is it today?

ミステリー記念日
横浜で日本初の近代的水道設備が配水を開始（1887）
ニュース番組『ニュースステーション』放映開始（1985）

October 08

梅雨の雨のしとしとと降る日には、
私の好きな本を読むのすら勿体ない程の
心の落ちつきを感じます。
こういう日には、
何か秀れたものが書けそうな気もしますが、
それを書くのすら勿体なく、
出来ることなら何もしないで、
静に自分の心の深みにおりて行って、
そこに独を遊ばせ、
独を楽しんでいたいと思います。

――薄田泣菫

すすきだきゅうきん
1877年5月19日-1945年10月9日。
岡山県生まれ。詩人。『暮笛集』『白羊宮』などで島崎藤村らの跡を継ぐ浪漫派詩人として登場。また、象徴派詩人としても称された。大正以後は詩作を離れ、『茶話』『艸木虫魚』などの随筆を書いた。

What day is it today?

足袋の日
丸菱百貨店で初の月賦販売（1929）
国立公園、初の12選（1931）

October 09

What day is it today?

道具の日
京都市で全国初の空き缶回収条例可決（1981）
幕張メッセオープン（1989）

私はまた旅に出た、
愚かな旅人として放浪するより外に
私の生き方はないのだ。

――種田山頭火

たねださんとうか
１８８２年12月3日-１９４０年10月11日。山口県生まれ。俳人。自由律俳句のもっとも著名な俳人の一人。１９２５年に熊本市の曹洞宗報恩寺で出家得度して耕畝と改名。寺を出て修行僧姿で西日本を中心に旅し、句作を行った。

October 10

What day is it today?

銭湯の日
日本銀行が開業（1882）
東京・新宿の歌声喫茶「灯」が閉店（1977）

ほどよく飲んで食べて、
つつましく考えしずかに読み、
一生懸命に作る、
――それが何よりの楽しみであろう。

――種田山頭火

October

11

無理をするな、素直であれ。
——すべてがこの語句に尽きる、この心がまえさえ失わなければ、人は人として十分に生きてゆける。

——種田山頭火

What day is it today?

古代都市トロイアを発掘（1871）
国鉄、時刻表を24時間制に（1941）
上野アメ横開店（1946）

October

12

運はハコブなり。

——安田善次郎

What day is it today?

国際防災の日
コロンブス新大陸発見。サン・サルバドル島と命名（1492）
世界の人口が60億人に（1999）

やすだぜんじろう
１８３８年10月9日-１９２１年9月28日。現在の富山県生まれ。明治・大正期の実業家。１８６４年、両替店安田屋を、１８８０年には安田銀行を開業。多くの銀行の救済や設立に関わる。銀行網を形成する一方、生命保険・損害保険業にも進出し安田財閥の基礎を築いた。

October 13

一にも人物、二にも人物、
その首脳となる人物如何。
満腹の熱心さと誠実さを捧げ、
その事実と共にたおれる覚悟で
かかる人であれば十分。

——安田善次郎

What day is it today?

引っ越しの日
仏教が日本に伝来（552）
日本初の麻酔手術に成功（1805）

October 14

独立心と克己心の強弱が
人の貧富の岐路となる。

——安田善次郎

What day is it today?

鉄道記念日
日本で初めてPTAの全国組織が結成（1952）
キング牧師がノーベル平和賞を受賞（1964）

October 15

What day is it today?

たすけあいの日
佐藤義家、出家して西行法師となる（1140）
浅草公園に水族館が開業（1899）

自分が生まれてきたときより
死に至るまで、
周囲の人が少しなりともよくなれば、
それで生まれた甲斐があるというものだ。

――新渡戸稲造

にとべいなぞう
１８６２年９月１日-１９３３年10月15日。
現在の岩手県生まれ。教育者・農学者・法学博士。札幌農学校（現・北海道大学）の2期性として入学。その後、キリスト教の影響により洗礼を受ける。国際親善に尽くし、日本の海外紹介に勤めた他、教育においても広く感化を及ぼした。

October 16

What day is it today?

世界食糧デー
ボスの日
国鉄上野駅開業（1885）

逆境にある人は常に
「もう少しだ」と思って進むとよい。
いずれの日か、
前途に光明を望むことを疑わない。

――新渡戸稲造

October 17

勇気が人の精神に宿っている姿は、
沈着、すなわち
心の落ち着きとしてあらわれる。

――新渡戸稲造

What day is it today?

貯蓄の日
横浜で水道の使用始まる（1887）
原油価格引き上げでオイルショック（1973）

October 18

世の中には
譲っても差し支えないことが多い。

――新渡戸稲造

What day is it today?

冷凍食品の日
フラフープ発売。爆発的人気に（1958）
ソ連金星４号軟着陸に成功（1967）

October
19

「闇があるから光がある。」
そして闇から出てきた人こそ、
一番本当に光の有難さが分かるんだ。
世の中は幸福ばかりで
満ちているものではないんだ。
不幸というのが片方にあるから、
幸福ってものがある。

――小林多喜二

こばやしたきじ
１９０３年10月13日-１９３３年2月20日。
秋田県生まれ。作家・小説家。小樽の銀行で働きながら、労働運動、共産主義運動に関わり、１９２９年に『蟹工船』を発表。一躍プロレタリア文学の旗手として注目を集めた。

What day is it today?

ブラック・マンデー
早稲田大学開校（1902）
駅名表示が左書きに統一（1945）

October
20

みずからの信念に忠実なのは、
讃むるべきことである。
しかし理智の光に
みちびかれることなくして努力しても、
それは結局、無用の徒労に終るであろう。

――九条武子

くじょうたけこ
１８８７年10月20日-１９２８年2月7日。
京都府生まれ。教育者・歌人。西本願寺第21代宗主の次女として生まれる。仏教主義に基づく京都女子専門学校（現・京都女子学園、京都女子大学）を設立。また、関東大震災を被災。救援活動などさまざまな事業を推進した。

What day is it today?

リサイクルの日
日比谷公会堂開場（1929）
北海道愛国駅で幸福駅ゆきの乗車券発売、大人気を呼ぶ（1974）

October 21

自分の命を打ちこむことのできる
仕事を持っている者は幸福である。
そこに如何なる苦難が押し寄せようとも、
たえざる感謝と新しき力のもとに
生きて行くことができる。
生命は仕事とともに不滅である。

——九条武子

What day is it today?

国際反戦デー
伊能忠敬、全国地図の作成開始。測量が完了したのは 14 年後（1800）
エジソンが白熱電球を完成（1879）

October 22

みずからの内面が、
つねに悪の衝動になやまされていながら、
なお、光のなかに住む
歓びと安らかさを味わう。
——そこに他力廻向の体験がある。

——九条武子

What day is it today?

京都平安神宮時代祭り
世界で初めてパラシュート降下が成功（1797）
明治神宮外苑が完成（1926）

October 23

善はすすめるべきことである。
しかし何人《なんぴと》も、
みずからの善を誇ってはならない。

――九条武子

What day is it today?

江戸幕府、風俗統制のため女歌舞伎禁止（1629）
日本初の公衆電信線の建設工事が着手（1869）
ハンドボール、初の正式試合（1937）

October 24

悟りとは平気で死ぬことではない。
平気で生きていくことだ。

――正岡子規

まさおかしき
1867年10月14日-1902年9月19日。
現在の愛媛県生まれ。俳人・歌人・随筆家。
日本新聞社に入社し、記者として日清戦争に従軍したが結核が悪化、以後没年まで闘病生活のなかで文学活動を展開。俳句雑誌『ホトトギス』や短歌同人誌『アララギ』を創刊した。

What day is it today?

世界開発情報デー
日本初の鉄道トンネル工事（1870）
ニューヨーク株式市場大暴落、世界恐慌始まる（1929）

October 25

黙ってこらえているのが一番苦しい。
盛んにうめき、盛んに叫び、
盛んに泣くと少し苦痛が減ずる。

——正岡子規

What day is it today?

民間航空記念日
世界バレーボール選手権で「東洋の魔女」日本女子チーム優勝（1962）
リサイクル法施行（1991）

October 26

病気の境涯に処しては、
病気を楽しむという事にならなければ
生きて居ても何の面白みもない。

——正岡子規

What day is it today?

原子力の日
文部省による中学生一斉学力テスト実施（1961）
紙製ナプキンの発売広告が新聞に掲載（1961）

October 27

人の希望は、初め漠然として大きく、
後、ようやく小さく
確実になるならびなり。

——正岡子規

What day is it today?

空海の死後、弘法大師の名をおくられる（927）
東京中央放送局、初めて海外に電波を送る（1930）
日刊ゲンダイ創刊で、駅売り夕刊ブーム到来（1975）

October 28

ただ一つ内なるこゑ、
たましひに聞くことを
お忘れにならなひやう

——高村智恵子

たかむらちえこ
1886年5月20日-1938年10月5日。福島県生まれ。洋画家。高村光太郎の妻。28歳で結婚後は、金銭的に苦しい生活を送りつつ制作活動を続けていたが、実家の破産や一家離散など、心労が重なり、精神に異常をきたし46歳で自殺未遂を図る。入院中に切り絵を制作。

What day is it today?

速記の日
ハーバード大学創立（1636）
W杯サッカーアジア地区最終予選最終日“ドーハの悲劇”（1993）

October
29

生は休みなき流だ。
生きるということは
止まることなく変化していて、
この世の現象はすべて一定のものはない。
変わっていくものに執着せず、
より良い変化だと受け止めてみよう。

――上田敏

うえだびん
１８７４年10月30日‐１９１６年７月９日。
東京都生まれ。文学者・評論家・啓蒙家・翻訳家。北村透谷、島崎藤村らの文学界同人となり、１８９５年には第一期『帝国文学』を創刊。小泉八雲に師事し、その才能を認められる。多くの外国語に通じて名訳も残した。

What day is it today?

トルコ共和国成立（1923）
第１回宝くじ発売、１枚10円、１等賞金10万円、売上は2500万円（1945）
家庭用ビデオテープレコーダーの開発（1969）

October
30

1日伸ばしは時の盗人である。

――上田敏

What day is it today?

香りの記念日
歌舞伎座焼失。再建工事落成は1924年（1921）
シュバイツァーにノーベル平和賞（1952）

October
31

What day is it today?

世界勤倹デー
横浜でガス灯が点灯。
日本のガス事業の幕開け
(1872)
東京のダンスホール閉鎖
(1940)

自然に帰ることの外に、真の復興は無い。
自然の他に、ついて学ぶべき所は無い。
自然こそ真の教本である、
本のなかでの本である。

——上田敏

11月

November

泣いて暮らすも一生、笑って暮らすも一生

November
01

過ちを知れば、則ち速かに改めよ。
執は則ち是も真に非ず。

(間違ったことをしたと知ったら、ただちに改めるべきである。固執すれば、それが正しいものだったとしても、決して真実といえるものではない)

――良寛

りょうかん
1758年11月2日-1831年2月18日。現在の新潟県生まれ。江戸時代の曹洞宗の僧侶、歌人、漢詩人、書家。無欲恬淡な性格で生涯寺を持たず、教化に努めた。民衆に対しては難しい説法を行わず、自らの質素な生活を示すことや、簡単な言葉(格言)によってわかりやすく仏法を説いた。

What day is it today?

山手線が環状運転開始(1925)
ラジオ体操放送開始(1928)
歩行者は右側、車は左側の対面交通実施(1949)

November
02

人心おのおの同じからず、
面の相違あるが如し。

――良寛

What day is it today?

博物館デー
ベーブルースら、アメリカ大リーグ選抜野球チームが来日(1934)
オイルショックでトイレットペーパー買い占め騒動(1973)

November 03

災難にあう時節にはあうがよく候、
死ぬ時節には死ぬがよく候。

——良寛

What day is it today?

ハンカチーフの日
東京初のホテル、帝国ホテル開業（1890）
国産初のカラー・フィルムを発表（1940）

November 04

上をうやまい、下をあはれみ、
生あるもの鳥けだものに至るまで、
なさけをかくべきこと。

——良寛

What day is it today?

ユネスコ憲章記念日
日中国交回復の証、パンダの贈呈式（1972）
アメリカ大統領選でレーガン当選（1980）

November 05

世の中の人は何とも言わば言え
我が成す事、我のみぞ知る。

——坂本竜馬

What day is it today?

雑誌広告の日
NHKが初の全国中継放送を開始（1928）
上野公園でパンダを初公開（1972）

さかもとりょうま
１８３５年11月15日?-１８６７年11月15日。
幕末期の志士。江戸で蘭学者・勝海舟の門に入り、強い思想的影響を受ける。西郷隆盛、木戸孝允らと親交を結び、薩長連合の盟約を成立させた。また、海援隊を指揮し、大政奉還を実現した。

November 06

おれは落胆するよりも
次の策を考えるほうの人間だ。

——坂本竜馬

What day is it today?

南アフリカ共和国でダイヤモンド見つかる（1869）
朝日新聞が電光ニュースを開始（1928）
東京・下北沢に本多劇場オープン（1982）

November 07

何でも思い切ってやってみることですよ。
どっちに転んだって人間、
野辺の石ころ同様骨となって
一生を終えるのだから。

——坂本竜馬

What day is it today?

知恵の日
奈良県の明日香で彩色壁画発見（1983）
ニューヨーク初の黒人市長誕生（1989）

November 08

人間よくなるも悪くなるも
一寸《ちょいと》の間だ。

——泉鏡花

What day is it today?

世界都市計画の日
ドイツの学者レントゲンが偶然にX線を発見（1895）
南極観測船「宗谷」出発（1956）

いずみきょうか
1873年11月4日-1939年9月7日。
石川県生まれ。小説家。尾崎紅葉に師事し、『夜行巡査』『外科室』で評価を得、『高野聖』で人気作家になる。江戸文芸の影響を深くうけた怪奇趣味と特有のロマンティシズムで知られる。

November 09

What day is it today?

換気の日
119番の日
ベルリンの壁、崩壊
（1989）

絶望のどん底にいると想像し、
泣き言をいって絶望しているのは、
自分の成功を妨げ、
そのうえ、心の平安を乱すばかりだ。

——野口英世

のぐちひでよ
1876年11月9日-1928年5月21日。福島県生まれ。医学者、細菌学者。2歳の時に左手に大火傷を負うが、医者に掛かることができず癒着。15歳で手術を行い、医学の素晴らしさを知り医者を志す。黄熱病や梅毒などの研究で知られ、細菌学的医学権威の最後の一人ともいわれる。

November 10

What day is it today?

トイレの日
技能の日
日本初のエレベーターが
設置された浅草・凌雲閣
完成。12階（1890）

私は少しも恐れるところがない。
私はこの世界に、何事かを
なさんがために生まれてきたのだ。

——野口英世

November 11

人は能力だけでは
この世に立つことはできない。
たとえ、立身しても、機械と同様だ。
人は能力と共に
徳を持つことが必要である。

——野口英世

What day is it today?

電池の日
宝石の国際重量単位に「カラット」が採用（1909）
京都府山崎に初のウイスキー工場（1924）

November 12

人生の最大の幸福は一家の和楽である。
円満なる親子、兄弟、師弟、
友人の愛情に生きるより切なるものはない。

——野口英世

What day is it today?

天然痘ワクチン、日本上陸（1857）
日本初の女子留学生渡米（1871）
公家・武家スタイルの和服礼装が廃止（1872）

November 13

一個人がいかに富んでも、
社会全体が貧乏であったら、
その人の幸福は保証されない。
その事業が個人を利するだけでなく、
多数社会を利してゆくのでなければ、
決して正しい商売とはいえない。

——渋沢栄一

しぶさわえいいち
１８４０年2月13日-１９３１年11月11日。明治・大正期の実業家。幕臣をへて明治政府に出仕。新貨条例や国立銀行条例など改革を行い、日本に初めて株式会社を導入。民間政財界に入ってからは、道徳経済合一説を唱え、第一国立銀行、王子製紙など５００社の設立、組織作りに関与した。

What day is it today?

うるしの日
日本プロ野球が初めて米大リーグに勝つ（1951）
沖縄で発見された飛べない鳥、ヤンバルクイナと命名（1981）

November 14

小にして学べば、
則ち壮にして為すこと有り。
壮にして学べば、則ち老いて衰へず。
老いて学べば、則ち死して朽ちず。

——佐藤一斎

さとう いっさい
１７７２年11月14日-１８５９年10月19日。現在の岐阜県生まれ。武士・岩村藩士、儒学者。藩の家臣として仕えたが、林述斎から儒学を学び、１７９３年に昌平坂学問所に入門。１８０５年には塾長に昇進。儒学の大成者として幕府から認められ、儒学者の最高権威として崇められた。

What day is it today?

オーストリアの病理学者ランドシュタイナーが血液型を発見（1900）
初の「ウーマン・リブ大会」が東京・渋谷で開幕（1970）
関門橋開通（1973）

November 15

愚かな知恵者になるよりも、
利口な馬鹿者になれ。

——佐藤一斎

What day is it today?

かまぼこの日
第1回全日本柔道選手権大会（1930）
生コンクリートが市場に初めて出荷（1949）

November 16

春風を以て人に接し、
秋霜を以て自ら慎む。

——佐藤一斎

What day is it today?

日比谷図書館、開館（1908）
「現代かなづかい」と「当用漢字表」が発表される（1946）
消費税法案可決（1988）

November 17

What day is it today?

将棋の日
第1回国際労働会議で8時間労働制を決議（1919）
電話料金1度数7円が10円に値上がり（1976）

人材を教育するのは
善の大なるものなり。

——広瀬淡窓

ひろせたんそう
1782年5月22日-1856年11月28日。現在の大分県生まれ。江戸時代の儒学者・漢詩人・教育者。1805年に最初の私塾を開く。その後発展させた咸宜園では、塾生は経歴や身分、年齢にかかわらず実力のみで評価。入門者は4000人を超える日本最大級の私塾となった。

November 18

What day is it today?

土木の日
アインシュタイン博士、東京着（1922）
ミッキーマウス、アニメ『蒸気船ウィリー』で初登場（1928）

鋭きも鈍きもともに捨て難し
錐《きり》と鎚《つち》とに使いわけなば。

——広瀬淡窓

November 19

何ものをも
心から愛することが
できないということは、
人間として最大の不幸であり、
悲哀であらねばならぬ。

——厨川白村

くりやがわはくそん
1880年11月19日-1923年9月2日。
京都府生まれ。英文学者、評論家。京都市生まれ。『象牙の塔を出て』など、近代の恋愛観は恋愛至上主義を鼓吹し、ベストセラーとなり、当時の青年に大きな影響を与えた。また、大正時代の文芸評論界にも大きな功績を残す。

What day is it today?

広島で女性初のボクシング試合（1950）
東海道本線全線の電化が完成（1956）
緑のおばさん登場（1959）

November 20

衆生《しゅうじょう》、本来仏なり。
水と氷のごとくにて、水を離れて氷なく、
衆生のほかに仏なし。
（人間は本来、仏である。その関係は水と氷のようなもので分離することはできない。人間の他に仏はいない）

——白隠

はくいん
1685年12月25日-1768年12月11日。
現在の静岡県生まれ。江戸中期の臨済宗の僧。日本臨済宗中興の祖。松蔭寺で出家後、沼津大聖堂、美濃瑞雲寺などを巡る。1717年から松蔭寺に住む。広い学識をもとに公案体系を確立。民衆教化に尽くした。

What day is it today?

毛皮の日
帝国ホテルの落成パーティー（1890）
コアラが多摩動物園で初公開（1984）

November 21

環境は人間をつくる。
新しい環境に投げこまれると、
私はエプロンを着て皿洗いになった。
しかし私は平然としていた。
現在、私の前には汚れた皿があるが、
将来は私の前にすべてがあるのだ。

——片山潜

かたやません
1859年12月26日-1933年11月5日。
現在の岡山県生まれ。労働運動家・思想家・社会事業家。アメリカで約11年間、様々な大学で勉学に励む一方、キリスト教徒となり、貧民問題、労働問題などに関心を寄せる。帰国後、労働組合期成会を結成、機関誌「労働世界」の編集長になる。

What day is it today?

フランス人のモンゴルフィエ兄弟が気球で初の有人飛行成功（1783）
東京・歌舞伎座開場（1889）
第1回早慶戦。結果は11対9で慶応勝利（1903）

November 22

世間の人が忙しいという、
その半分は
無駄に忙しい思いをしているものだ。

——峨山韶碩

がざんじょうせき
1275年-1366年11月23日。
鎌倉時代後期から南北朝時代にかけての曹洞宗の僧。16歳で比叡山で出家し、天台教学を学んだ。その後、曹洞宗の第四祖である瑩山紹瑾に弟子入りし、1324年、總持寺2世となり曹洞宗発展の基礎を築いた。

What day is it today?

いい夫婦の日
ボタンの日
初のプロ野球日本シリーズスタート（1950）

November
23

What day is it today?

外食の日
手袋の日
大相撲で初めて女性の見物を許可（1872）

熱意は力なり。
必ず到達せんとするところを指せる、
一種の引力なり。

——北村透谷

きたむらとうこく
１８６８年11月16日-１８９４年5月16日。神奈川県生まれ。明治前期の詩人、評論家。自由民権運動を離脱し、キリスト教へ入信。詩や評論などで活躍。島崎藤村らと「文学界」を創刊。初期浪漫主義運動の指導的役割をし、その一方、プロテスタント各派と交流して反戦平和運動を展開した。

November
24

What day is it today?

オペラ記念日
ダーウィンの名著『種の起源』出版（1859）
東京天文台設置（1921）

恋愛は人生の秘鑰《ひやく》なり、
恋愛ありて後人世あり。

——北村透谷

November 25

人の世に生まるるや、
一の約束を抱きて来たれり。
人に愛せらるる事と人を愛する事、
これなり。

——北村透谷

What day is it today?

ハイビジョンの日
第１回共同募金開始（1947）
東京会館でクリスチャン・ディオールのファッション・ショーが開催（1953）

November 26

明日は即ち永遠の始めにして、
明日といえる希望は即ち永遠の希望なり。

——北村透谷

What day is it today?

ペンの日
プロ野球、２リーグ制発足（1949）
東京・新宿西口広場完成（1966）

November 27

What day is it today?

ノーベル賞制定記念日
日本ヨット協会創立（1932）
福岡で第１回国際マラソン選手権。後に福岡国際マラソンに（1966）

「心の窓」は
いつでもできるだけ数をたくさんに、
そうしてできるだけ広く
明けておきたいものだ。

――寺田寅彦

てらだとらひこ
1878年11月28日-1935年12月31日。東京都生まれ。物理学者・随筆家・俳人。熊本の第五高等学校で、夏目漱石、田丸卓郎と出会い、大きな影響を受け科学と文学を志す。理系でありながら文学など文系の事象に造詣が深く、科学と文学を調和させた『漫画と科学』などの随筆を残す。

November 28

What day is it today?

税関記念日
北海道に初の鉄道開通（1880）
国鉄の民営化決定（1986）

ものをこわがらな過ぎたり、
こわがり過ぎたりするのはやさしいが、
正当にこわがることは
なかなかむつかしい。

――寺田寅彦

November 29

健康な人には病気になる心配があるが、病人には回復するという楽しみがある。

――寺田寅彦

What day is it today?

日本で『第九交響曲』の初演奏（1924）
日本初のアメリカン・フットボール試合が開催（1934）
第1回世界女子柔道選手権開催（1980）

November 30

興味があるからやるというよりは、やるから興味ができる場合がどうも多いようである。

――寺田寅彦

What day is it today?

日本ラグビー協会設立（1926）
世界初の自動焦点カメラ「コニカC35AF」発売（1977）
オランダで世界初安楽死法成立（1993）

12月

December

光陰矢のごとし

December 01

人生のどんな隅にも、
どんなつまらなそうな境遇にも、
やっぱり望みはあるのだ。

――菊池寛

きくちかん
1888年12月26日-1948年3月6日。
香川県生まれ。小説家、劇作家、ジャーナリスト。文藝春秋社を創設した実業家でもあり、芥川賞、直木賞の設立者でもある。大映初代社長も務める。これらの成功で得た資産などで、川端康成ら文学者に金銭的な援助をした。

What day is it today?

日本で初めて映画が一般公開される（1896）
警察犬、初めて採用（1912）
初の年賀郵便用切手発行（1935）

December 02

恋愛は一時の戯れではない。
人生の楽しい道草でもない。
感情や気分からやるべきではない。
女性にとっては、
大切な生活の設計でなければならない。
男性が一生の専門なり職業を選ぶくらい
真剣に相手を選ぶべきである。

――菊池寛

What day is it today?

日本初の大使館をロンドンに設置（1905）
初のカード会社「ダイナーズクラブ」設立（1960）
秋山豊寛が初の日本人宇宙飛行士として宇宙へ（1990）

December 03

What day is it today?

奇術の日
初のクイズ番組『話の泉』放送開始（1946）
南アで世界初の心臓移植手術（1967）

何事も修行と思いする人は
身の苦しみは消え果つるなり。

――至道無難

しどうぶなん
1603年-1676年。
現在の岐阜県生まれ。臨済宗の僧。美濃国で本陣問屋を営む家の長男として生まれ、家業を継いでいたが52歳で出家。江戸・正灯寺で修行を積み、東北寺に住んだ。69歳で『即心記』を著す。

December 04

What day is it today?

ナポレオン、宗教裁判を廃止（1808）
北里柴三郎がジフテリアと破傷風の予防注射実験に成功（1890）
アメリカ映画『E・T』日本公開（1982）

人ほどはかなきものなし。
神仏にむかい、富貴をねがう。

――至道無難

December 05

What day is it today?

吉岡弥生、東京女医学校を開設（1900）
東京府が日暮里に初の公設質屋を開く（1919）
アメリカ禁酒法廃止（1933）

おもしろき　こともなき世を
おもしろく　すみしものは
心なりけり

――高杉晋作

たかすぎしんさく
１８３９年８月20日-１８６７年４月14日。
幕末期の志士。吉田松陰に学び、久坂玄瑞と並び称された。１８６２年、幕艦で上海に渡り、帰国後、イギリス公使館を焼打ちし、藩論の航海遠略策を批判。翌年には、萩藩の攘夷決行に対する米仏艦の反撃に、奇兵隊を組織した。

December 06

What day is it today?

アメリカ大リーグ（ジャイアンツ、ホワイトソックス）初来日（1913）
戦後初の洋画『ユーコンの叫び』上映（1945）
国際柔道連盟がパリで結成（1951）

苦しいという言葉だけは
どんなことがあっても
言わないでおこうじゃないか

――高杉晋作

December 07

What day is it today?

長崎市とアメリカ・ミネソタ州のセントポール市が日本初の姉妹都市に（1955）
秋田でニセ1000円札発見（1961）
アメリカのアポロ計画が17号の打ち上げを最後に幕を閉じる（1972）

人は愛せずして生きることができず、
また、愛されずして
生きることはできない。

――徳冨蘆花

とくとみろか
1868年12月8日-1927年9月18日。
熊本県生まれ。明治の小説家。同志社英学校に学びキリスト教の影響を受け、トルストイに傾倒。自然詩人として出発し、小説『不如帰』やエッセイ『自然と人生』が賞賛され、一気に人気作家となった。

December 08

What day is it today?

針供養
釈迦が悟りを開く（BC428）
日本初の日刊新聞「横浜毎日新聞」創刊（1870）

欠点は常に裏から見た長所である。

――徳冨蘆花

December 09

肉体の死は何でも無い。
恐るべきは霊魂の死である。

——徳冨蘆花

What day is it today?

障害者の日
初のレコード吹き込み（1911）
法隆寺、屋久島などが世界文化遺産に（1993）

December 10

家のうえに屋根あり
屋根の上に月あるをおもうのみにて
わが心足る

——百田宗治

What day is it today?

世界人権デー
ノーベル賞授賞式
3億円強奪事件。容疑者は10万人を超え、捜査費用は9億円にものぼる（1968）

ももたそうじ
1893年1月25日-1955年12月12日。大阪府生まれ。大正・昭和期の詩人、児童文学者。詩集『ぬかるみの街道』を刊行、民衆詩派として活躍。1926年「椎の木」を創刊。後進を育成する一方、児童詩の普及にも貢献した。童謡『どこかで春が』の作詞者として名高い。

December 11

あたたかい、明朗な朝の日ざしとともに
私の魂は洗はれ、きよめられて生誕する

——百田宗治

What day is it today?

ユニセフ創立記念日
100円硬貨発行（1957）
佐藤首相が非核三原則を表明（1967）

December 12

私には朝の時間がたのしい、
一杯に日ざしの照りわたつた障子の中で
しづかに明るい
自分の心を視ることは幸福だ

——百田宗治

What day is it today?

カーバッテリーの日
漢字の日
国鉄・リニアモーターカーが実験で時速504kmを達成（1979）

December 13

たのしみは　春の桜に　秋の月
夫婦仲よく　三度くふめし

――五代目　市川團十郎

ごだいめ　いちかわだんじゅうろう
１７４１年-１８０６年12月9日。

現在の東京都生まれ。江戸の歌舞伎役者。

１７４５年、市川幸蔵の名で初舞台。

１７５４年、父が四代目團十郎を襲名すると同時に三代目松本幸四郎を継ぐ。１７５７年、五代目市川團十郎を襲名。江戸歌舞伎の第一人者として君臨した。

What day is it today?

オランダ東インド会社のタスマン、ニュージーランドを発見（1642）
隅田川に両国橋が完成（1659）
横浜の外国人居留地に聖心教会堂建設（1861）

December 14

人に勝つより自分に勝て。

――嘉納治五郎

かのうじごろう
１８６０年12月9日-１９３８年5月4日。
現在の兵庫県生まれ。明治から昭和の柔道家、教育者。講道館柔道の創始者であり、柔道・スポーツ・教育分野の発展や日本のオリンピック初参加に尽力するなど、日本に於けるスポーツの道を開いた。

What day is it today?

赤穂義士祭
日本初の飛行実験に成功（1910）
アムンゼン、南極点初到着（1911）

December
15

時間を最も有効に利用したものに、
最も立派な仕事ができる。

——嘉納治五郎

What day is it today?

東京で観光バス登場。皇居前〜銀座〜上野のコース（1925）
第１回レコード大賞（1959）
アメリカで人類初の宇宙ランデブーに成功（1965）

December
16

人生は何事もなさぬには
あまりにも長いが、
何事かをなすにはあまりにも短い。

——中島敦

What day is it today?

東京駅八重洲口開く（1929）
日本初の高層ビル火災発生。日本橋のデパート白木屋全焼（1932）
夢の島ゴミ埋め立て始まる（1957）

なかじまあつし
１９０９年５月５日-１９４２年12月４日。
東京都生まれ。小説家。東京帝国大学国文学科を卒業し、１９３３年に私立横浜高等女学校に国語と英語の教師として赴任。持病の喘息により退社後、深田久弥の紹介で『山月記』『文字禍』を発表。

December 17

What day is it today?

師走の定番『第九』の合唱
ライト兄弟、公開初飛行に成功（1903）
上野動物園にモノレール登場（1957）

心を平らにし、気を和にす。
これ身を養い、徳を養うの工夫。

——貝原益軒

かいばらえきけん
１６３０年12月17日-１７１４年10月5日。現在の福岡県生まれ。江戸時代の本草学者・儒学者。福岡藩に仕え、京都留学で本草学や朱子学を学ぶ。帰藩後、藩内での朱子学の講義をするかたわら、藩内をくまなく歩き回り『筑前国続風土記』を編纂した。

December 18

What day is it today?

上野・西郷さんの銅像除幕（1898）
日本初の海難通信ＳＯＳを汽船「第２電信丸」が発信（1908）
東京駅開業（1914）

人生まれて学ばざれば生まれざるに同じ、
学んで道を知らざれば学ばざるに同じ、
知って行わざれば知らざるに同じ。

——貝原益軒

December 19

天下のこと、
わが力に為し難きことは
ただ天に任せておくべし。
その心を苦しむのは愚なり。

――貝原益軒

What day is it today?

世界最初の義務教育、ワイマールで実施（1619）
尋常小学校を6年とする（1906）
公衆浴場が大人19円、小人8円に値上げ（1961）

December 20

善を誇れば善を失い、
能に誇れば能を失う。

――貝原益軒

What day is it today?

日本初のデパート、三越呉服店開業（1904）
東京駅開業により東海道本線起点が新橋から変更（1914）
東京・青山に初のボウリング場開場（1952）

December 21

心は磐石《ばんじゃく》の如くおし鎮め、
気分は朝日の如く勇ましくせよ。

——黒住宗忠

くろずみむねただ
1780年12月21日-1850年4月7日。現在の岡山県生まれ。神道系の新宗教のさきがけとなる黒住教を開いた幕末の神道家。皇室や公家の中に宗忠に帰依する者が多く、宗忠の死後、京都神楽岡に宗忠神社が創建された。

What day is it today?

クロスワード・パズルが「ニューヨーク・ワールド」紙に初めて掲載（1913）
首都高速1号線完成（1963）
ベルリンの壁取り壊し作業開始（1989）

December 22

人を幸福にしなければ
自分は幸福になり得ない。

——岡田茂吉

おかだもきち
1882年12月23日-1955年2月10日。東京都生まれ。世界救世教の創始者。宗教家にとどまらず、文明評論家、書家、画家、歌人、華道流祖、造園家、建築家、美術品収集家などの文化人でもある。箱根美術館および現在のＭＯＡ美術館の前身となった美術館の開設者。

What day is it today?

日本初内閣が発足（1885）
“生きている化石”シーラカンス発見（1938）
羽田国際空港ターミナル完成（1951）

December 23

What day is it today?

初のスーパー「紀ノ国屋」
東京・青山に開店（1953）
東京タワー完成（1958）
映画会社「大映」倒産
（1971）

感謝が感謝を生み、不平が不平をよぶ。

――岡田茂吉

December 24

What day is it today?

『聖しこの夜』作曲される
（1818）
チョコレート、初の販売
広告（1878）
東京・有楽町に日本劇場
（日劇）開場（1933）

才智を人に見せんの心は、
才智乏しき故なり。

――沢庵宗彭

たくあんそうほう
１５７３年12月24日-１６４６年１月27日。
現在の兵庫県生まれ。江戸時代、臨済宗の僧。紫衣事件で出羽国に流罪となり、その後ゆるされて江戸に萬松山東海寺を開いた。書画・詩文に通じ、茶の湯（茶道）にも親しみ、また多くの墨跡を残している。一般的に沢庵漬けの考案者といわれている。

December

25

葉一つに目をかけずして、
ただ一本の木に何心もなく
打ち向かい候えば、
数々の葉残らず目に見え候。

（一枚一枚の葉の動きにとらわれず、木全体に
無心に対峙すれば、すべての葉の動きがつかめる）

——沢庵宗彭

What day is it today?

東京第一長老教会で日本初のクリスマスパーティー（1874）
大ヒット曲『およげ！たいやきくん』発売（1975）
ソビエト連邦消滅（1991）

December

26

人も身に応ぜざる荷物を持てば、
身の船を覆すべし。

（分不相応なものを持つと身を崩す）

——沢庵宗彭

What day is it today?

鑑真、太宰府に入る（753）
キュリー夫人がラジウム発見を公表（1898）
日本初のプロ野球団「大日本東京野球倶楽部」結成。のちに東京巨人軍（1934）

December
27

What day is it today?

往復ハガキ発行（1884）
『ピーターパン』がロンドンで初演（1904）
日本初のサッカー球場が横浜市・保土ヶ谷公園に完成（1950）

溝をばずんと飛べ、
危しと思えばはまるぞ。

――沢庵宗彭

December
28

What day is it today?

ガリレオが海王星を観測（1612）
江戸駒込の大円寺から出火（1682）
大日本相撲協会設立（1925）

生きているものと死んでいるものとは、
一銭銅貨の表と裏のように、
非常に遠く、しかも非常に近いのだ。

――堀辰雄

ほりたつお
１９０４年12月28日-１９５３年5月28日。東京都生まれ。昭和期の小説家。高校在学中に室生犀星、芥川龍之介の知遇を得る。東京帝国大学在学中に中野重治らと「驢馬」を創刊。１９３０年『聖家族』で作家としての地位を確立した。

December 29

「何々になろう」とする者は多いが、
「何々をしよう」とする者は少ない。

——長岡半太郎

What day is it today?

東海道線急行列車に食堂車が登場（1901）
出生届の人名、当用漢字に限定（1947）
東京・銀座の老舗シャンソン喫茶「銀巴里」閉店（1990）

ながおかはんたろう
1865年8月15日-1950年12月11日。
現在の長崎県生まれ。物理学者。土星型原子モデル提唱などの学問的業績を残した。また、東京帝国大学教授として多くの弟子を指導し、初代大阪帝国大学総長や日本学士院院長なども歴任。1937年、初代文化勲章受章。

December 30

何かを始めることは優しいが、
それを継続することは難しい。
成功させることはなお難しい。

——津田梅子

What day is it today?

漢字タイプライター発明（1907）
日本初の地下鉄、上野～浅草間開通（1927）
日劇地下に日本初のニュース・短編映画専門館の第一地下劇場が開場（1935）

つだうめこ
1864年12月31日-1929年8月16日。
現在の東京都生まれ。明治の教育者、津田塾大学創設者、日本の女子教育の母。8歳で留学生に選ばれ渡米し、以後10年を過ごす。語学や英文学、自然科学などを学び帰国。英語教師をしながら、成瀬仁蔵の女子大学創設運動に参加。

December
31

環境より学ぶ意志があればいい。

——津田梅子

What day is it today?

上野・寛永寺の除夜の鐘が初めてNHKラジオで放送（1927）
東京・新宿にムーラン・ルージュ開場（1931）
NHK紅白歌合戦初の公開放送（1953）

巻末付録

世界の格言
ことわざ

他人を幸福にするのは、香水をふりかけるようなものだ
ふりかけるとき、自分にも数滴はかかる

――ユダヤの格言

三月の風と四月のにわか雨とが
五月の花をもたらす。

――西洋のことわざ

神は一つのドアを閉めても千のドアを開けている。

――トルコのことわざ

ワインを飲んでいる時間を無駄な時間だと思うな。
その時間にあなたの心は休養しているのだから。

――ユダヤのことわざ

嘘を口にしてはならない。
しかし、真実のなかにも
口にしてはならぬものがある。

――ユダヤの格言

あなたに起きた悪いことは砂に書き留め、
良いことは大理石に書き留めなさい

――アラビアのことわざ

一日だけ幸せでいたいならば、床屋にいけ。
一週間だけ幸せでいたいなら、車を買え。
一ヶ月だけ幸せでいたいなら、結婚をしろ。
一年だけ幸せでいたいなら、家を買え。
一生幸せでいたいなら、正直でいることだ。

――西洋のことわざ

行く言葉が美しければ、
来る言葉も美しい。

――韓国のことわざ

我々は泣きながら生まれて、
文句を言いながら生きて、
失望しながら死ぬ。

――イギリスのことわざ

にせものの幸福は、人を図に乗らせ、醜く、高慢にする
ほんものの幸福は、人を歓喜させ、知恵と慈悲で満たす

——タイのことわざ

——人には口が一つなのに、耳は二つあるのは何故だろうか。
それは自分が話す倍だけ他人の話を聞かなければならないからだ

——ユダヤの格言

馬鹿は同じ石で2回つまずく。

——ハンガリーのことわざ

世の中は海に似ている。
泳げないものは溺れる。

——スペインの格言

われわれの生まれ方は一つ。
だが死に方はさまざま。

——ユーゴスラビアの格言

死は存在しない。
生きる世界が変わるだけだ。

——ドゥワミッシュ族の格言

幸運の女神には、後ろ髪がない。

——西洋のことわざ

笑って暮らすも一生、
泣いて暮らすも一生。

——ドイツの格言

もし薔薇なら咲くだろう。

——イタリアのことわざ

心が変われば、態度が変わる
態度が変われば、行動が変わる
行動が変われば、習慣が変わる
習慣が変われば、人格が変わる
人格が変われば、運命が変わる
運命が変われば、人生が変わる

——ヒンドゥー教の教え

一年の希望は春が決める
一日の希望は晩が、家族の希望は和合が、
人生の希望は勤勉が決める

——中国のことわざ

山は山を必要としない。
しかし、人は人を必要とする

——スペインのことわざ

梨は熟すと自ら落ちる

——イタリアのことわざ

猫は僧院に行っても相変わらず猫のままだ

——エチオピアの諺

幸せは去ったあとに光を放つ

——イギリスのことわざ

汝が生まれたとき汝は泣き、汝の周囲の人々は喜び、
汝がこの世を去るときには汝の周囲の人々が泣き、汝のみ微笑むようにすべし

——インドのことわざ

生まれるのはやさしいが、人となるのは難しい

——フィリピンのことわざ

宗教は説教ではなく実践である

——イギリスのことわざ

人はその人が食べるものからできている

——ドイツのことわざ

笑いは良い血を作る

——イタリアのことわざ

友人の失敗には目をつぶれ、
だが悪口には目をつぶるな

——フランスのことわざ

真実の矢を射る時は、その先端を蜜に浸せ

——アラビアのことわざ

友人はあなたのためでなく、
自分の利益のために忠告する
――トルコのことわざ

友とぶどう酒は古いほど良し
――イギリスのことわざ

ある男がはじめて君をあざむいたときには、彼を辱めるがいい。
しかし、その男がもう一度君をあざむいたとしたら、君自身を恥じるがいい
――西洋のことわざ

白いユリにも黒い影ができる
――ハンガリーのことわざ

急いで行こうと思ったら、
古い道を行け
――タイのことわざ

ある人に魚を一匹与えれば、その人は一日食える
魚の取り方を教えれば、その人は一生を通して食える
――中国のことわざ

子供の笑い声は家の屋根
――スワヒリ語のことわざ

金銭は無慈悲な主人だが、
有益な召使いにもなる
――ユダヤのことわざ

若さの価値は
年を取ったときにわかる
――トルコのことわざ

時間が過ぎ去って行くのではない。
われわれが過ぎ去っていくのだ
――西洋のことわざ

不幸な人は希望をもて。
幸福な人は用心せよ
――ラテンのことわざ

仕事は一番良い暇つぶし
――デンマークのことわざ

適切な言葉は病んだ心を治す
――イギリスのことわざ

索引（人物別50音順）

森本薫　『女の一生』三笠書房
与謝野晶子　『人間礼拝』（『与謝野晶子全集』文泉書店堂）
宮本武蔵　『独行道』『五輪書』徳間書店
犬養毅　『木堂談叢』博文館
太宰治　『ＨＵＭＡＮ　ＬＯＳＴ』（『太宰治全集』筑摩書房）
徳川家康　『東照宮御遺訓』『岩淵夜話別集』（『大日本思想全集』大日本思想全集刊行会）
吉江喬松　『若葉の夜の森』（『日本の名随筆　夜』作品社）
小泉八雲　『日本人の微笑』（『小泉八雲集』新潮社）『小泉八雲全集』みすず書房
森鴎外　『歴史其儘と歴史離れ』『知慧袋』（『鴎外全集』岩波書店）
伊藤左千夫　『胡頽子』（『左千夫全集』春陽堂）
林芙美子　『本因坊秀哉氏』（『日本の名随筆　囲碁』作品社）
山本常朝　『葉隠』徳間書店
鴨長明　『方丈記』講談社
明恵　『却廃忘記』（『大乗仏典』中央公論社）
伊藤野枝　『成長が生んだ私の恋愛破綻』（『日本の名随筆　惑』作品社）
空海　『性霊集』『秘蔵宝鑰』四季社
高橋是清　『高橋是清自伝』中央公論社
立原道造　『優しき歌』角川書店
尾崎秀実　『遺書』（『尾崎秀実時評集』平凡社）
成瀬仁蔵　『女子教育』（『成瀬仁蔵著作集』日本女子大学）
世阿弥　『花伝書』講談社
無住　『沙石集』文献書院
会沢正志斎　『新論』（『日本の名著』中央公論社）
清沢満之　『文集』『有限無限録』（『清沢文集』岩波書店）
慈雲　『法語』（『仏教教育思想』日本図書センター）
鉄眼道光　『鉄眼』講談社　『鉄眼禅師仮名法語』岩波書店
後白河法皇　『梁塵秘抄』岩波書店
円爾　『坐禅論』（『国訳禅学大成』二松堂書店）
宮沢賢治　『宮沢賢治全集』筑摩書房　『銀河鉄道の夜・グスコーブドリの伝記』暁教育図書
山鹿素行　『山鹿語類』国書刊行会
山室軍平　『平民の福音』（『山室軍平選集』日本図書センター）
北条民雄　『いのちの初夜』角川書店
桐生悠々　『言いたい事と言わねばならない事と』（『畜生道の地球』中央公論社）

参考・引用文献

山村暮鳥　『雲』『風は草木にささやいた』イデア書院

近松門左衛門　『傾城酒呑童子』（『近松全集』岩波書店）

福沢諭吉　『学問のすすめ』岩波書店

道元　『正法眼蔵』岩波書店　『学道用心集』大東出版社

西郷隆盛　『大西郷遺訓』K&K プレス

二葉亭四迷　『平凡』新潮社

一休宗純　『一休禅師の発想』三笠書房　『一休仮名法語』（『一休和尚全集』春秋社）

鈴木正三　『万民徳用』

夏目漱石　『虞美人草』新潮社

直木三十五　『貧乏一期、二期、三期』

坂口安吾　『堕落論』新潮社

高山樗牛　『わがそでの記』（『現代日本文学全集』筑摩書房）

倉田百三　『出家とその弟子』岩波書店

八木重吉　『ねがい』『雲』（『八木重吉詩集』彌生書房）

芥川龍之介　『侏儒の言葉』岩波書店

阿部次郎　『三太郎の日記』角川書店

横光利一　『急所について』（『横光利一全集』非凡閣）

勝海舟　『氷川清話』講談社

荻生徂徠　『弁道』『太平策』『政談』（『日本思想大系』岩波書店）

内村鑑三　『内村鑑三著作全集』教文館

日蓮　『日蓮聖人名言集』隆文館

岡本かの子　『一平氏に』『小学生のとき与へられた教訓』（『岡本かの子全集』冬樹社）

吉田絃二郎　『八月の星座』『青い毒薬』（『吉田絃二郎全集』新潮社）

熊沢蕃山　『集義外書』（『蕃山全集』名著出版

金子みすゞ　『蜂と神様』『わたしと小鳥とすずと』JULA 出版局

杉浦重剛　『天台道士著作集』博文館

中沢道二　『道二翁道話』岩波書店

中原中也　『山羊の歌』角川書店

吉田兼好　『徒然草』岩波書店

斎藤茂吉　『冬夜漫筆』（『斎藤茂吉選集』岩波書店）

西田幾多郎　『善の研究』岩波書店

萩原朔太郎　『港にて』創元社　『虚妄の正義』角川書店　『桃りの道』（『萩原朔太郎全詩集』創元社）

三木清　『人生論ノート』創元社
本居宣長　『源氏物語玉の小櫛』国書刊行会
慈円　『愚管抄』岩波書店
一遍　『一遍上人語録』一穂社
薄田泣菫　『雨の日に香を燻く』（『薄田泣菫全集』創元社）
種田山頭火　『行乞記』春陽堂書店　『道中日記』（『日本の名随筆　貧』作品社）
新渡戸稲造　『世渡りの道』（『新渡戸稲造全集』教文館）
小林多喜二　『書簡集』ナウカ社
高村智恵子　『新時代の女性に望む資格のいろいろ』（『主婦の友』1926 年 4 月号）
良寛　『良寛全集』岩波書店
泉鏡花　『通夜物語』春陽堂
佐藤一斎　『言志晩録』（『佐藤一斎全集』明徳出版社）『言志四録』講談社
片山潜　『アメリカで（抄）』（『日本の名随筆　留学』作品社）
北村透谷　『熱意』『厭世詩家と女性』（『現代日本文学大系』筑摩書房）
寺田寅彦　『子猫』（『寺田寅彦全集』岩波書店）
菊池寛　『出世』（『菊池寛・室生犀星集』筑摩書房
徳冨蘆花　『謀叛論』『みみずのたはごと』（『現代日本文学大系』筑摩書房）
百田宗治　『何もない庭』（『日本現代詩大系』河出書房新社）
中島敦　『山月記』教育出版
貝原益軒　『『養生訓』『大和俗訓』（『日本の名著』中央公論社）『慎思録』講談社
沢庵宗彭　『東海夜話』『不動智神妙録』（『古典日本文学全集』筑摩書房）

毎日届く“気づき”の言葉 365+1

The word of healing reaches every day.

2008 年 11 月 11 日 ［初版第 1 刷発行］

編者――――風日祈舎

装幀――――入江あづさ（inlet design）

発行者―――籠宮良治

発行所―――太陽出版

〒113-0033 東京都文京区本郷 4-1-14

TEL 03-3814-0471 FAX 03-3814-2366

http://www.taiyoshuppan.net/

印刷――――壮光舎印刷株式会社

製本――――有限会社井上製本所

©TAIYOSHUPPAN 2008

Printed in Japan

ISBN978-4-88469-602-3